スポーツ倫理の探求

・近藤良亨＝編著

日々進歩する社会では、
新たな当為問題が出てくると
困惑する。それは、
過去の善し悪しを判断する基準が
使えないからだ。
だとすると、新たな事象には
新たな価値判断基準を
創造するしかない。
スポーツ界の当為問題も、
豊穣なスポーツ文化を守るために、
新たなスポーツ倫理を
探求することになる。

大修館書店

まえがき

大変長らくお待たせしました。ようやく『スポーツ倫理の探求』が完成して、みなさんに『スポーツ倫理を問う』(二〇〇〇年)の続編をお届けできることになりました。

前著の書き出しが、「長引く不況のなか」でしたが、四年経って少しずつ景気が上向きになりました。しかし、四年前と同じく企業スポーツの衰退は深刻です。

そして、オリンピック・イヤーには必ず登場するのが選手選考を巡るドタバタです。四年前は、水泳の千葉すず選手でしたが、今回は、高橋尚子選手の落選に始まり、イアン・ソープ選手の水泳四百メートルフライイング失格、さらには、テコンドー競技の岡本依子選手のJOC個人エントリー騒ぎがありました。

誰もがわかりやすい選考システムが求められているのですが、やはりいろいろな政治的駆け引きが選手選考にはあるようです。それは選手一人だけの問題ではなく、選手を支えるスタッフにも、名誉と共に生活もかかっているからでしょう。

アテネ五輪への選手選考に右往左往しているスポーツ界ですが、こうした選考を無意味にしてしまうような大事件が起こっています。それはアメリカ貿易センタービルの破壊に象徴されるテロ事件が世界中に広がり、アテネ五輪もターゲットにならないか危惧されますし、状況によっては、アテネ五輪の中止ということも可能性としてはあります。やはり安心してスポーツができるような世界平和があってこそ、心からスポーツを楽しみ、感動を味わうことができます。

今回の『スポーツ倫理の探求』の特徴を少しだけ宣伝します。前著ともっとも違うのは、取り上げたテーマをその道のスペシャリストに執筆していただいた点です。前著では取り上げなかったり、章の中に一つだけしか取り上げなかった、例えば、ドーピング問題、環境問題、ジェンダー問題、メディア問題をそれぞれ章に格上げして、それぞれ三ないし五つの論文を集めました。とは言っても、『スポーツ倫理の探求』と『スポーツ倫理を問う』は姉妹本として、互いに補完しあっているとお考えください。つまり、『スポーツ倫理を問う』には、主に二〇〇〇年以前の事件、問題が扱われていますが、本書の『スポーツ倫理の探求』には、前著以降の問題事例や前著では十分に論究されていない問題が取り上げられています。

まず目次を見て、興味のある章からお読みになってください。この本を読み進めると、「へえー」と思うことがたくさん出てきますし、今現在のスポーツ界が抱える様々なスポーツ倫理問題が鳥瞰できるだけではなく、その中に踏み込むと、問題の深刻さや賛否の判断が難しい問題が浮き彫りになります。本書をきっかけに、みなさんもスポーツ文化の発展の担い手となる資格が得られます。ここでの議論をさらに深めて、よりよいスポーツ界を実現するために共に手を携えましょう。

二〇〇四年四月

編者　近藤良享

スポーツ倫理の探求・目次

序章

「自律した人間」を育てるための「スポーツ倫理」

この本は、スポーツの場面で起こる様々なトラブル、ジレンマを強制力のあるルールによって押さえ込むのではなく、そこに関わる人々が人間的な知恵を発揮して問題解決できるような世界を創り上げることを理想としています。しかし、そうした理想に少しでも現実を近づけることは本当に難しいと思います。もとより、ルールはスポーツを楽しむためのとり決めであり、私たちを規制するものでは決してありません。何でも規則やルールで押さえ込む方法では、罰則を恐れて規則を守る人間になってしまいます。ルールで規制されている意味を考えないで、自動的に、レール上を歩く人間をここでは求めていません。

本書を読み進めてもらえれば、簡単にルール化するのではなく、みんなで一緒に考え、よりよくする方法を見つけていくことが本当に大切であることがわかってもらえると思います。「ルール化すること」は諸刃の剣です。その危うさについて、初めにお話ししておきましょう。

■エゴイズムをどのように考えるのか

スポーツを教育として意図的に利用する時代は、英国のパブリック・スクールから始まりました。スポーツを意図的に利用し始めた時代から現代社会に至るまで、スポーツはそれぞれの時代、各々の文化圏において、関係者によって教育的、政治的、経済的、軍事的、政策的等々、様々に価値づけられてきました。

スポーツが人間の活動である以上、そこに関与する人々の間にトラブルや軋轢《あつれき》が必ず生じます。

その理由は、他者と比較し、他者より優れていることを証明したいという人間のエゴイズムがスポーツの原動力となっているからです。エゴイズムは否定的に評価されがちですが、完全にエゴイズムを排除した聖人君子的人間像は、観念的には可能であっても現実の人間には存在しません。多くの国々が私有財産を認める体制をとっているのも、人間の持つエゴイズムを基本的に認めているからです。

とは言え、スポーツを含めた日常生活において、エゴイズムを無制限に容認しているわけではありません。個々人のエゴイズムを直接対決させれば、ホッブスが唱えた「自然状態」[1)]を招いて、日々、喧騒の世界となることは明らかです。そうした「自然状態」を避けるために、人間としての知恵や英知が働き、制度的に整備された法律や倫理規範によって世界の秩序が保持されているのです。

一般的に言えば、倫理規範が、個々人のエゴイズムを慣習や不成文法によって抑止していれば、成文法によって行為を規制する必要はありません。そこでの共同体の中で、ある時に不安定状態となっても、倫理規範の枠内で行為が規制され、事が処理されます。しかし、倫理という明文化されていない規範は、多様で、流動的で、変容します。あるエゴイズムが社会秩序を揺り動かすほどの事態になったとき、関係者の内圧もしくは外圧によって、当該行為の禁止や規範を明文化する方向に向かいます。

このような経緯は、スポーツの世界においても同じです。スポーツの価値、特に名声や富といった外在的価値が高まれば高まるほど、エゴイズムが強くなります。なぜなら、スポーツ関係者は他者より抜き出るためにあらゆる手段を考案し、鎬《しのぎ》を削るからです。考案される手段のなかには、一般社会においては奇怪であっても、勝利への「有効性」の原則からすれば最適と判断されるものがあります。スポーツの世界における薬物等ドーピングという手段はその一つです。

時代とともに、ドーピングで使用される薬物等の種類は変化していきます。しかし、倫理規範による抑止状況から一九六八年の「薬物等ドーピング禁止規程」の施行に至るまでの過程には、倫理規範による抑止力からルールによる強制力へ、という経緯が明白に映し出されています。

■ルール化による強制力の落とし穴

既存の慣習や慣行という、いわば緩やかかつ暗黙の了解によっては秩序維持が不可能になったとき、法的な行為規制によって秩序回復や新たな秩序形成が目指されます。秩序崩壊の原因にはいくつもの要因が絡んでいます。特に、ドーピングの場合は、きわめて現代的事象であり、科学技術、医療技術、スポーツ科学技術の研究と密接につながっています。現代社会における生命科学の発展は驚異的ですが、その生命科学や技術の進歩に人間の倫理観が追いつけない状況になっています。現段階で、未来へのプラス・マイナスの影響が不確定な科学技術もありながら、スポーツを含めたいろいろな現場においてそれらの技術を利用することの正否が、関係者の倫理観に委ねられています。

しかし、生命倫理をめぐって様々な方面から提起されている問いは、技術開発とその適用を専門家だけの専権事項とすることへの危惧の表れです。

研究の社会的影響を憂慮する立場（価値負荷）に立つ科学者であれば、研究目的、方法、予想される結果について、話し合いの場を持つことはできそうです。しかし、科学に対して自由（価値中立）の立場ですと、その成果の適用や社会的影響については、利用者、つまり他者に責任を委ねます。スポーツ科学の研究についてもこれと同じで、研究者自身が価値負荷の立場をとるか、それとも価値中立の立場をとるかによって、新しいドーピング方法や他のトレーニング方法の開発の方向は分かれることになるでしょう。

法と正義の女神、テーミスの像
左手に事の善悪をはかる天秤を、右手に悪徳から社会を守る剣を持つ。目隠しをしているのは、審判が彼女の判断ではなく神の基準にもとづいて行われることを表している。

このような科学論の議論は別にしても、薬物等ドーピングの問題は、旧来のスポーツ倫理の限界を示す形で進行していることは間違いありません。そのためにも、旧来のスポーツ倫理の適用範囲を明確にし、その存在意義を再確認する必要性が問われると同時に、現代スポーツ、さらに未来のスポーツに向けた新たなスポーツ倫理の原則を抽出することは、現在最も重要な課題と考えられます。そのわけは、生命科学およびスポーツ科学の無秩序な進展を黙認すると、これまでとはまったく異なるスポーツの世界になる可能性があるからです。例えば、スポーツ選手への遺伝子操作の可能性も未来SF小説の世界だけとは言えなくなりました（第1章－1で扱います）。

しかしその一方で、「倫理規範からルール化へ」という安易な移行は、私たち人間として最も重要な「自律」を損ねる危険性も秘めています。

トイプナーは、「法化」が限度を越えて進行した場合に生じる問題点を「規制のトリレンマ」として定式化しています。すなわち、当事者たちの自律的な紛争解決能力に依存しない規制的な介入は、どのような場合でも以下の三つのような結果に終わるといいます。それは、①まったく役に立たない、②その生活領域の統合を解体するように働く、あるいは逆に、③規制的法それ自体にとって統合を解体するものとして働く、です[2)]。

体育やスポーツの世界においても、安易な規制によってトリレンマに陥っている可能性を十分に吟味する必要があります。何か問題が生じた場合には、当事者たちの紛争解決能力に依存した形でルール化されているかを評価しなければなりません。

さらに中野敏男が、「紛争処理を道徳の領域から引き離すことは、それが有効に機能すればするほど、これまで『道徳』がその一翼を担っていたはずの社会全体のシステム的な機能連関を掘り崩し、そのことを通じて、われわれの『社会』そのものの『危機』を招来させる可能性を孕んでいる」3)と指摘した点は重要です。なぜなら、スポーツの世界における安易なルール規制は、フェアプレイやスポーツマンシップといったスポーツの道徳機能を衰えさせ、ひいてはスポーツの世界の危機を招来させる可能性を秘めているからです。

また、スポーツ倫理の最重要課題であるドーピング問題は、スポーツ倫理の崩壊に起因すると言われています。しかし、この言説にも十分な注意を払う必要があります。そこでは、スポーツが自営的な営みから巨大な国家的事業へと発展してきた経緯、また、価値中立（自由）の立場に立つスポーツ（医）科学研究者の倫理性の希薄化傾向も問われなければなりません。

スポーツが個人やチーム同士の対戦のこれまでの倫理規範の中にとどまっていれば、旧来のスポーツ倫理によって抑止力が働いていたでしょう。そして、そこでの競技力を向上させる方法は、個人の倫理観に基づいて非人間化を招くような方法は回避され、人間の限界を率直に受け入れていたと考えられます。

しかし、そこに専門的知識を有する、コーチ、監督、医師、トレーナーらの支援スタッフが関与する状況が生じ、さらに国家による支援体制が拍車をかければ、当然、複雑な倫理的問題状況が生まれることになります。それはスポーツに関与する人々の倫理観が多種多様なために生じます。勝つことに絶対的価値がおかれた場合、最も効率よく競技力向上を意図する方法がプロジェクトとして手がけられます。その最も効率のよい方法が他の人たちに知られていなければ、それは最も有効な手段となります。薬物等を用いるドーピングの方法は、それが検出されなければ、最も有効な方法と信じられているようです。その理由は、薬物ドーピングは、人間の限界を超えさせる可能性があるので、「より速く、より高く、より強く」という、スポーツの世界を席巻する価値観に適した方法となるからです。

ドーピングによって人間の限界を拡大させたのは、スポーツ（医）科学者です。ドーピングは専門的な知識がなければ最も効率のよい方法にはなりません。専門的知識を持たずに摂取することは無謀です。

しかし、スポーツ（医）科学者が最も効率よく競技力を高める方法を開発したとしても、それを選手に処方するか否かは、倫理的な問いです。実験的に専門的知識をスポーツ（医）科学者自身に適用する場合には、医の倫理から認められる可能性はありますが、それを他者（選手）に適用する場合には、先ずもって倫理的な問いが必要なのです。

現代の医療技術は、様々な科学観に基づいて、生や死を含めたこれまでの人間の限界を広げています。おそらく現代の医療技術をスポーツ（医）科学者はスポーツの世界に応用するでしょうし、その典型が薬物等を用いるドーピングです。ここでは、医療技術によって、筋力が弱く日常生活動作に支障がある人を日常生活に復帰させる筋肉増強剤の使用方法が、より高い競技能力の開発を求める選手の思惑と一致しています。選手の思惑だけでなく、支援スタッフ、国家の思惑までも一致した場合は、国家ぐるみのドーピングとなります。

■スポーツ倫理による「自律した人間」をめざして

人間の限界を超えることを一般大衆が期待し、また限界の拡張が選手の商品価値を高めている現状では、今後も、あらゆる手段や方法が開発されていくでしょう。新たな手段や方法を開発していくのは、スポーツ（医）科学者です。スポーツ（医）科学者が価値中立（自由）の立場にくみすれば、医療の世界で始まった遺伝子治療の応用、バイオテクノロジーを駆使した選手の改造が危惧されます。ドーピング問題の分析は、旧来のスポーツ倫理の限界を探る上でも、また、新しいスポーツ倫理の構築にも不可欠な研究課題です。

しかしこのドーピング問題をはじめとするスポーツ界の様々な問題解決の方法として、例えば、安易に罰則の設定や強化といった方法に頼ると、ルールを設定していることの意味を忘れて、ただ単に違反や罰則を恐れて行動するスポーツ界になってしまいます。スポーツ界で求めているすべての人材（選手、指導者、役員、観客、メディア、等々）は、自律する人間像がその原点です。自律した人間を育てるには、道徳的ジレンマに克己する必要があります。「誰も見ていない状況下であっても、ルール違反を行わない」という一貫性が、スポーツ界だけではなく日常生活にも生かせる格率、ポリシーとなるのです。

ルールでがんじがらめにするのではなく、スポーツ倫理によって判断が下せるためには、望ましいスポーツ倫理を確立する必要があります。これからドーピング問題から審判の判定問題まで読み進めていく過程で、スポーツ倫理について関係者が英知を集め、これを育てていくことの必要性が理解できると思います。ルールの有る無しにかかわらず、スポーツ倫理という規範から様々な問題解決ができるようになっていくこと、これが本書のめざす理想です。さあ、自律した人間を目指して、一緒にスポーツにまつわる様々な問題を考えていきましょう。

（近藤良享）

【注・文献】

1)ホッブス著、水田洋訳『リヴァイアサン1』改訳、岩波文庫、一九九二年、第十三章
2)中野敏男「社会のシステム化と道徳の機能変容」『社会システムと自己組織性』岩波書店、一九九四年、一五三頁
3)前掲書2)、一二六～一二七頁

第1章

ドーピングは禁止すべきか

1・迫りくる『遺伝子ドーピング』の時代

毎週のようにドーピング疑惑や違反者の報道がなされています。こんな状況だと、ドーピング問題は、「本当になくなるのだろうか」とか、「問題解決など不可能」といった不信感やあきらめの声が聞こえてきそうです。それもそのはず、ほぼ毎年のように、国際オリンピック委員会（ＩＯＣ）をはじめとする国際競技連盟が、ドーピングに該当する薬物や方法を禁止事項に加えますが、次の年にはまた新たな物質や方法が加えられます。一九六八年のオリンピック大会でドーピング禁止規程が施行されてから現在まで、こんなことの繰り返しです。

そして、二〇〇三年からは「遺伝子治療を応用する方法」がドーピング禁止方法として追加されました。ついに、遺伝子まで操作する「遺伝子ドーピング（gene or cell doping)」の登場です。本項では、遺伝子ドーピングを登場させる生命科学（バイオテクノロジー）とスポーツとの関連について考えてみます。競技力向上のために薬物を使用する時代から、生来の能力そのものを改変させる時代への転換期を描こうと思います。

『オリンピック男子陸上800メートル決勝』（訳書）の表紙と扉

著者のクヌーズ・ルンベア（Knud Lundberg、1920年生）はジャーナリストの傍ら、サッカー、ハンドボール、バスケットのデンマークナショナルチームの選手としても活躍。本書は1955年の作品である。

■ルンベアのスポーツSF小説に描かれた未来

薬物から遺伝子へという転換期を考えるために、ある未来スポーツSF小説を紹介します。

クヌーズ・ルンベアの『オリンピック男子陸上800メートル決勝―あるオリンピックアスリートの悲劇―』1)は、現代の薬物等ドーピング禍を予言した小説として新聞にも紹介されました。新聞記事には、「舞台はオリンピック。陸上八百メートル決勝が始まろうとしている。スタートラインに並ぶ走者は六人だ。幼少時から発育ホルモンを投与され続けた巨人、ロケットスパートを可能にする薬物を注射した若者、名ランナーの精子と卵子の人工授精で生まれた男……。ピストルが鳴り、スタートを切る」[2]と描写されています。この小説を引用した唐木は、このSF小説が一九六四年の東京オリンピック以前、しかも日本体育協会発行の雑誌に掲載されていた点に驚きを示します。

クヌーズがこの著書を発表したのは一九五五年。そこでの選手や科学者の関与は、フィクションの世界とは思えないほど、現在のスポーツ界を予言しています[3]。

小説に登場するファイナリスト六人は、二人の黒人アメリカ選手、巨人のジャクソンと小柄なストーカー、二人のロシア人選手、骨と筋と筋肉と皮膚だけの体型をした闘士タイプのコネフと人間機関車のウラソフ、そして地元ドイツが生んだ最高傑作と称されるハーゼンイェーガー、最後に、マスコミから「おじゃま虫」と酷評されたデンマーク人のエリンです。各選手を簡単に紹介します。

ジャクソン選手（米国）は、かつての巨人選手同士を意図的に結婚させるというプロジェクトを利用し、かつ化学者ルモンド博士がホルモン操作を駆使してつくりあげた黒人選手ですが、十二歳で知能レベルや性的レベルが止まっています。

ストーカー選手（米国）は、父が長身の世界的バスケットボール選手でしたが、妻の浮気による不倫の子と想定されていますし、試合直前に薬物注射を受けています。

コネフ選手（ロシア）は、全ソ・ベビー選手権で優勝し、両親には勲章と生涯年金が支給されています。本当におもしろい設定ですが、実力ナンバーワンながら、水泳選手（ソーニア）と恋仲に陥ります。彼は、今の監視・管理体制から抜け出るには、負けて国家代表からはずれる以外に方法はないと考えて、意図的に負けようと決意します。そして、彼の身体は完璧なのになぜ彼が勝てないのだろうかと、スポーツ（医）科学者が途方に暮れてしまうのです。科学の力でも恋の邪魔はできないようです。

ウラソフ選手（ロシア）は、コネフに続き、全ソ・ベビー選手権で準優勝だった選手。しかし、コネフに勝つことができず、万年二位に甘んじていますが、恋に落ちているコネフには今度こそ勝てそうです。

ハーゼンイェーガー選手（ドイツ）は、優生学実験によって誕生。三百八十九名の異母兄弟を持ち、オリンピックランナーであった父とドイツ中距離女子選手の上位千名との間の人工受精で誕生しました。試合直前に薬物注射を行い、優勝できなければ自害すると公言しました。結果は自害それとも……?。

エリン選手（デンマーク）は、右の五名とは違って、何とも牧歌的ですが、祖父との二人三脚での登場です。彼らはアマチュアリズムを貫徹して、専門的な支援スタッフの援助をまったく受けない選手との想定です。著者がデンマーク人なので、他のファイナリストとの違いを際立たせていますし、一九五〇年代当時の価値観もうかがえます。

小説の中でもドーピングは禁止されているのですが、禁止ルールであってもそれへの背理に躊躇はまったくありません。

■薬物ドーピングから遺伝子ドーピングへ

未来SF小説に描かれたスポーツの世界は一九五五年でしたが、最近の科学技術の発展により、こうしたことは、現実の出来事として実現可能なところに来ていますので、それらを紹介します。ロナウド・ラウラは、スポーツにおけるドーピング問題を論じる中で、以下のような遺伝子工学の利用可能性を語っています。

まず、彼は、薬物問題が仮に解決したとしても、表面的な解決にすぎず、別の形に置き換わるだけだと指摘します。つまり、「現在利用可能もしくは今後利用可能になると思われる遺伝子工学の技術革新によって、無害で検出できない競技上の有利さが生じる場合や、バイオもしくは遺伝子工学によって設計された『眼球』を射撃選手が使用した場合は、有害を根拠に禁止できない」[4]というのです。そして、遺伝子工学の発展史を詳しく述べて、遺伝子地図（Gene Mapping）が完成すると、近い将来、主要な遺伝子によって誘導された人間の特徴は、ほとんど人為的調整ができるようになるとして、それらの例に、肌の色、眼、髪の色、頭髪、身長、骨格構造、筋肉をあげています。

また、「遺伝子療法」の項においては、「理論上、筋肉細胞増強遺伝子を細胞に接合できる」[5]として、薬物を使わなくても筋肉の増強ができると述べています。

さらに、「クローニング」の項においては、胚の凍結技術によって、オリンピック選手のクローンを自分の子どもとして選べ、選手のスーパークローンを創ることも夢ではないと、結びます。

ラウラは、「すばらしい新世界」と題して結論を言います。つまり、基本的に遺伝子が人間の形成を支配している限り、遺伝子操作のパンドラの箱[6]が開かれると、その操作がどこまで行けば終わるかは皆目見当がつかないと警告します。その事例として、彼は、臭覚の変更という感覚機能を遺伝的に修正する研究、男性の体に子宮を埋め込んで人工受精させた胚の挿入によって妊娠できるようにする研究をあげます。そして、過去の金メダリストのクローンが出場する大会を想像したり、「遺伝的欠陥を排除する目的から、ボディービル選手に遺伝的改良を加える目的へと変換するのは、コインの表裏である」[7]とまで断言します。

さらに、倫理的問題を論じるなかでも、「『悪性遺伝子』を駆逐する技術は、『積極的優生学』の技術と厳密に区別できない」[8]と判断し、人々が積極的優生学の方向に傾倒するだろうと予測します。ラウラは、結局、この延長線上に、究極の遺伝子工学という競技能力向上手段にかわると指摘し、現在の薬物によるドーピング問題の終焉を告げます。ラウラの主張には当然、異議が唱えられるでしょうが、遺伝子工学といった科学技術がスポーツ科学のなかに導入される可能性は否定できません。

そして今では、次々と遺伝子工学の適用例が報じられています。

朝日新聞の記事には、『遺伝子応用、検査困難に』と題して、ソルトレークシティ冬季オリンピックのドーピング検査における奇妙な現象が紹介されています[9]。

それは、採取した血液を遠心分離器にかけても分離せず、全体に赤いままだったというものです。持久力向上をねらって、牛のヘモグロビンを精製した人工赤血球を注入したのでは、との疑いが浮上したのですが、確証はつかめなかったようです。なお、このオリンピックでは、距離スキーの選手が造血ホルモンの服用で金メダルを剝奪されています。

また、『オリンピック選手になるのも遺伝子次第？』と題する記事も配信されています[10)]。それによると、最近の研究では、次に掲げるように、優れた運動能力に遺伝子がどれだけ影響しているかを問題にしてはいるものの、運動能力と遺伝子の関連については正否があるようです。

①オーストラリア国立オリンピック選手トレーニングセンターの研究者たちは、遺伝子が短距離走（スプリント）向きか長距離走向きかを決めていることを発見した。

②シドニー大学の研究者たちは、一流の短距離走者のなかには、ＡＣＴＮ３遺伝子を一個ではなく、二個持っている選手が多いことを発見した。

③ウィスコンシン大学のＲ・アルタ・カーロ教授は、遺伝子と運動能力あるいはその他の身体能力との相関関係は、必ずしも因果関係を示すものではないと指摘した。

④ペニントン・バイオメディカル（生体臨床医学）研究センターのクロード・ブシャール博士は、スポーツ選手に関する遺伝子情報から学べることがあるとし、人間の運動能力に関する遺伝子のデータベース『フィットネス・ゲノム地図』を作成し、毎年更新している。

このようにスポーツ選手の運動能力そのものの研究から、その研究を介して各種疾病対策の一助にしようとする研究まで、じつに様々ですが、間違いなく一つだけ言えることは、スポーツ界にバイオテクノロジー研究が侵入しつつあるということです。理論づけのための研究は、そうそう簡単に臨床に移すことはできません。しかし、スポーツ界に何をどのように導入していくべきか、つまり何が許され何が許されないかの規準を決めるには、バイオテクノロジー研究者やスポーツ（医）科学者だけでは心配です。やはり、哲学者や倫理学者といった人文系の研究者も含めた、多数の専門職集団が討議できるような「公開の委員会」をつくることが、絶対に不可欠でしょう。

■バイオテクノロジー研究に監視の目を

現代のバイオテクノロジー研究は、従来の人間の誕生と死という概念を根本から変えてきました。体外受精、遺伝子操作、代理母、尊厳死、安楽死等々の問題は、治療のためや生命の質を尊重するのだという大義名分のもと、「滑りやすい坂道」にさしかかっています。つまり、ヒト・ゲノム研究による遺伝子地図が完成して疾病をもたらす遺伝子が特定されると、相当の飛躍ですが、例えば肥満を引き起こす遺伝子が異常とされると、その延長線上に、走力の劣る子どもの遺伝子治療が描かれたりすることはないでしょうか。応用的な臨床研究を一旦認めてしまうと、それがあたかも坂道を転げ落ちるかのように、次々と新たな方法が、どんどんなし崩し的に承認されていかないかと懸念されます。

このような時代であればこそ、私たちはどのような研究が真に人間にとって幸福につながるかを見極める必要があります。生命科学の研究とスポーツ（医）科学研究は縁戚関係にあります。研究者の興味関心が優先されて倫理観が欠如した場合、極秘に様々な先端医療方法がスポーツ界に導入される可能性があります。バイオテクノロジーをはじめとする生命科学研究への関心や監視は、個人としてもまたスポーツ関係者としてもとても重要です。無関心であったり無知のままであったりすると、何をされるかわかりません。

おそらく、日進月歩の科学技術がどんどん導入されて、オリンピックレベルのスポーツ界では、薬物をドーピングの手段として使うことは無くなると思われます。しかしながら、遺伝子治療を応用するドーピングが一流選手の養成手段になっていけば、検出できない可能性を含めて、新たな難問を抱え込むことになるのは間違いありません。スポーツ界への様々な科学的探求や研究にも、一定の歯止めを設定するためのルールづくりをすることが必要になるかもしれませんが、それ以前に、スポーツ（医）科学の研究者の倫理観をどのように涵養・啓蒙すべきかが、真に問われる時代になっていくと考えられます。

（近藤良享）

［注・文献］

1)クヌーズ・ルンベア著、木村由利子訳『オリンピック男子陸上８００メートル決勝―あるオリンピックアスリートの悲劇―』ビネバル出版、一九九六年

2）朝日新聞「新『英雄』の時代1　ドーピング」一九九六年七月八日付夕刊
3）一九六八年にドーピングが禁止される以前には、日本体育協会にはドーピングを研究する小委員会があった。日本もドーピングを研究していたのである。
4）Laura, R. (1991) The Doping Problem in Sport: From Drugs to Genetic Engineering. (In) Laura, R. S. & White, S. W. (Eds) Drug Controversy in Sport: The Socio-Ethical and Medical Issues. Allen & Unwin: Sydney. (p. 92)
5）前掲書4）p. 98
6）人類最初の女性、プロメテウスが天の火を盗み人間に与えた罰として、ゼウスは、パンドラの箱（Pandra's Box）を彼女に与え、地上で結婚する時の贈り物にするように命じた。彼女の夫、エピメテウスがふたを開くと、中から人類の諸悪が世に出て広がり、閉じた時、希望だけが残ったという。
7）前掲書4）pp. 106-107
8）前掲書4）p. 107
9）朝日新聞「ドーピング四話　その4」二〇〇三年一月三十一日付朝刊
10）http://www.hotwired.co.jp/news/news/二〇〇三年八月十四日配信

2・アンチ・ドーピング運動の今後

ここでは、アンチ・ドーピング運動が今後どのようになっていくのかについて、「世界アンチ・ドーピング規程」を取り上げながら考えていきます。そして、わかりやすさを旨に、大学生の田中

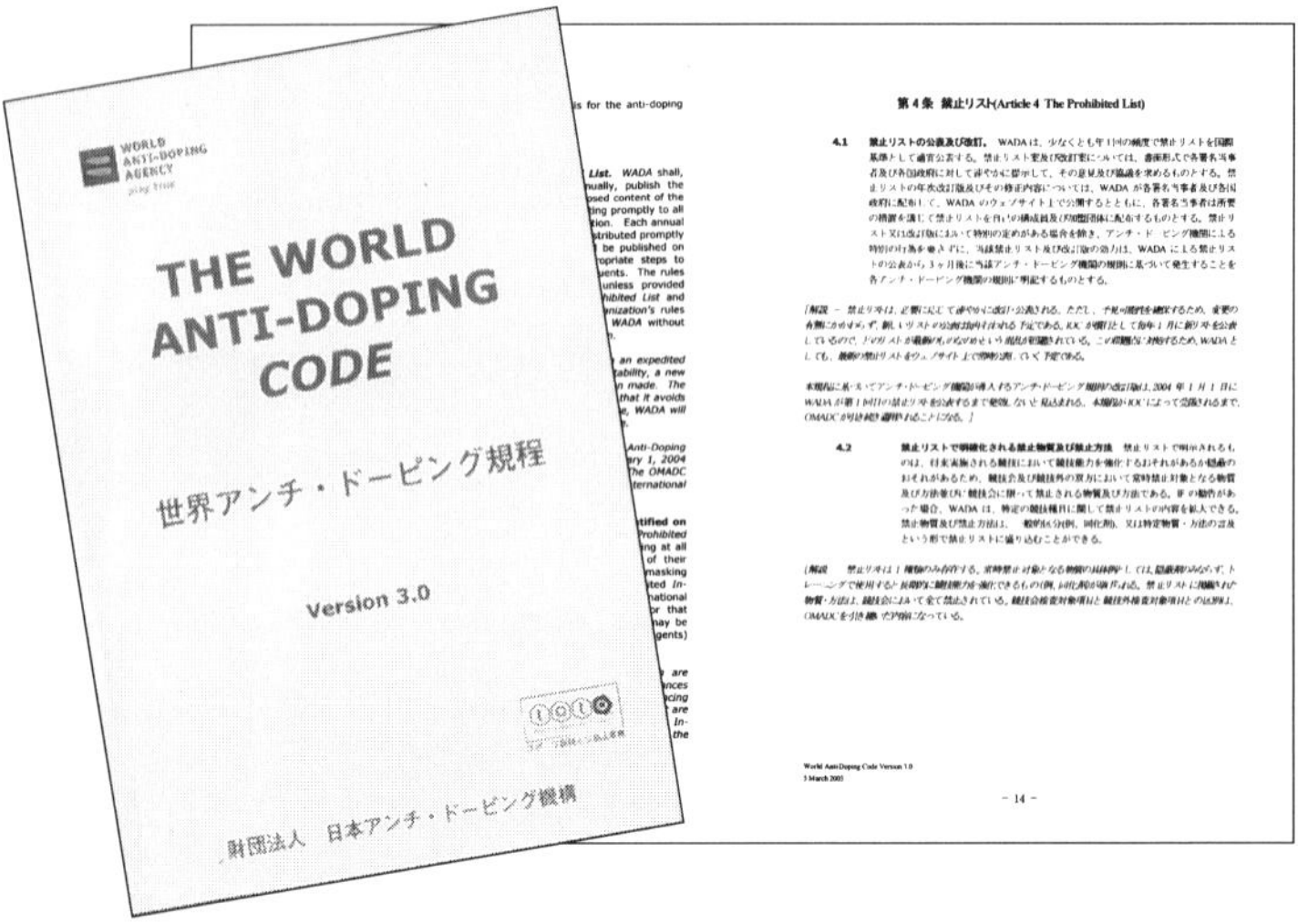

「世界アンチ・ドーピング規程」の表紙と本文
2003年3月5日、コペンハーゲン世界会議で採択された。「本規程は、スポーツにおける世界アンチ・ドーピング・プログラムの基礎となる基本的かつ全世界共通の文書である。」と謳っている。

さんが私にインタビューする形式で展開します。

田中　新聞にも載りましたが、最近、「世界ドーピング会議（World Conference on Doping in Sport)」が開催されました。先生は、この会議に参加されたそうですが、どんな会議だったのですか。

近藤　この世界ドーピング会議は、二〇〇三年三月三日から五日まで、デンマークのコペンハーゲンで開かれました。この会議はスポーツ関係者だけではなく、他の人々も注目していました。それは、ここで「世界アンチ・ドーピング規程」が各競技団体や各国政府によって批准されるかどうかが決まるからでした。

この会議には、千名を超す人々が参加

していましたが、開会式で、ＷＡＤＡ（世界アンチ・ドーピング機構）のパウンド委員長は、「この会議が歴史に残る会議になる」と繰り返し力説し、規程への同意が最も重要だと言い続けていました。また、ＩＯＣ（国際オリンピック委員会）ロゲ会長も、この「世界アンチ・ドーピング規程」に賛同、批准しなければ、実質的にオリンピックへの参加も、オリンピック招致の道も閉ざされるという趣旨の発言をしていました。この会議の影響は非常に大きいと思います。

田中　この規程はどうして定められることになったのですか。

近藤　二〇〇〇年のシドニー・オリンピック、体操競技女子個人総合の金メダル授与者であるラドゥカン選手が、風邪薬を服用（禁止薬物である興奮剤が入っていました）したために失格となったことを覚えていますか。ここで話題となったのは、禁止薬物リストが、国際体操競技連盟とＩＯＣとで同じではなかったことです。つまり、各競技団体は、自身の競技力向上に有効な薬物を禁止リストに載せているのですが、オリンピックでは複数の競技を一度に行うために、全競技の禁止薬物を網羅する禁止リストを作成しているのです。そのため、各競技団体が主催する世界選手権では禁止薬物ではなくても、オリンピックでは禁止されていて、それを選手が知らないケースも可能性としてはあるのです。

また、競技種目によって罰則規程が異なり、最初の違反で出場停止処分が四年だったり二年だったりとまちまちでした。選手生命の短い競技の場合、二年と四年とでは選手生命への影響は大きく違います。ですから罰則期間が長い競技団体の選手が不満を申し立てるのもわかる気がします。というのも、禁止薬物を服用する意志はまったく無視されて、選手の体の中に禁止薬物がある（存在する）か否かでドーピングが判定されるからです。たとえ人からだまされて飲まされても、知らずに飲んでも、医師を信頼して服用しても、結果的に禁止薬物が体の中にあれば罰則を受けることになります。その意味で、競技によって罰則期間が異なることが不満となっているのです。そこで、今回の会議で合意された規程によって、どのようなスポーツ大会、競技種目であっても、等しく同じ規程が適用されることになりました。

田中　この「世界アンチ・ドーピング規程」が適用されて、より厳しくなる点は何ですか。

近藤　最も厳しいのが「各競技に共通する禁止薬物リスト」ですね。これまで選手らは各競技団体が示す当該競技種目に効力のある薬物や摂取方法のみに配慮していればよかったのですが、これからはそうはいきません。おそらく毎年ＷＡＤＡから改訂される禁止薬物リストや方法に神経をとがらせ、知らないで使ってしまうこと（無知）による処罰におびえることになります。

もう一つの問題として、世界レベルの競技選手の場合、抜き打ち検査への同意があります。このレベルの選手は、定期的に、自らの行動予定を当該競技団体に届ける義務が生じます。いつも監視状態です。場合によっては、合宿からの帰路、デパートのトイレで抜き打ち検査の採尿が実施されるという事態もでてきます。選手は自分の潔白を証明するためには、デパートだろうが、公園だろうが、自宅だろうが、どこでも検査官の指示に従って採尿しなければなりません。それも採尿は（同性とはいえ）係官の立ち会いのもとでです。これらを考え合わせると、選手の人権がどのように守られるべきかをもっと真剣に検討しなければならないと思います。選手は検査を断れません。断ればは違反となって陽性結果と同じ罰則が待っています。本当に弱い立場だと思います。

ドーピングという不正を防止するために、選手らは常に監視状況下に置かれ、突然の係官の求めに、採尿を余儀なくされるのです。こうなると何だか選手がかわいそうですね。選手の人権やプライバシーの保護の前に、やましくなければ怖くないとか、無実を証明するための義務だといった強者の論理がまかり通っているような気がします。

田中　今回検討された規程についての関係者の意見には、どのようなものがありましたか。

近藤　この会議では草案の二版から三版への変更点が説明されました。そのとき参加者からは、懸案となっているプロスポーツ選手問題、未成年者への制裁問題、スポーツ仲裁裁判所との関連、無過失責任問題、集団（チーム）スポーツへの制裁問題、検査コスト問題、ドーピングの定義問題、治療用使用の問題、教育活動の重要性、等々の質問がありました。

田中　「未成年者への制裁の問題」とはどのようなことですか。

近藤　簡単に言えば、成人と未成年者との罰則が同じでよいかどうかということです。未成年選手の場合、原則として自己決定や自己責任が適用されませんし、仮に禁止薬物であることを知らないで、あるいはラドゥカン選手のように医師を信用して禁止薬物を使用した場合に、自分の無実を証明する（挙証責任を果たす）ことはほとんど不可能に近いと思います。結局は、未成年者も成人と区別せず同じ罰則を適用することになったのですが……。世界中には多種多様な国家体制、スポーツ観、経済格差がありますから、例えば、悪意ある指導者の犠牲になったり、俗に言う「パラ・ドーピング」（相手選手を陥れるために、わざと飲み物などに薬物を入れること）の被害者となったら、優れた才能が抹殺されてしまうでしょう。その意味からも、未成年選手には成人選手とは別の罰則規程の適用を検討することが必要だと思います。

田中　今回の会議では規程のほかに「コペンハーゲン宣言」が出されたと聞いていますが、どういう内容の宣言なのですか。

近藤　最終日に採択された「コペンハーゲン宣言」（二〇〇三年三月五日）では、ドーピングはスポーツの精神に反するが故に、反ドーピングの戦いを、いっそう強め、加速し、調和させ、統一させなければならないと宣言され、ＩＯＣ、ＩＦ（各国際競技連盟）、ＮＯＣ（各国オリンピック委員会）などが、二〇〇四年八月のアテネオリンピック開幕までに、規程に正式調印すること、そして各政府に関しても、①規程と世界アンチ・ドーピング機構を支持すること、②二〇〇六年トリノ冬季オリンピックまでに、それぞれの国内体制を整備して、規程の内容の履行を目指すと書かれています。参加した七十余の参加国のうち、このコペンハーゲン宣言の決議を受けて、最終日に調印したのは五十カ国で、他に二十三カ国が後日調印する予定だとアナウンスがありました。

田中　この世界ドーピング会議の意味を総括してください。

近藤　今回の「世界アンチ・ドーピング規程」の制定は、スポーツ界にとっては本当に重要なエポックとなるでしょう。ここではドーピング問題をスポーツ界の自浄作用だけに任せるのではなく、スポーツ界では解決できないような薬物売買の闇ルート、市場の取り締まりなどを各国政府関係者の手によって行い、問題を解決することが期待されているからです。しかし、スポーツ界の自浄作用が不十分ですと、ただちに政府の直接介入も予想されます。この規程によって、スポーツ組織は完全な公共的組織として新たに船出したと考えられます。つまり、閉鎖的な社会から開放的な社会への転換が行われたのです。開放的な社会では、透明性や公平性は組織の存続を左右します。自分にとって都合の悪いデータを隠蔽したり、自国や自組織の保身に奔走するのではなく、常に情報を公開したり、最近よく言われるアカウンタビリティ（説明責任）が求められるでしょう。

コペンハーゲン宣言では、スポーツ界には二〇〇四年、政府関係者には二〇〇六年まで準備期間を設けました。このわずかな期間に今後想定される事態に対処するための方策を立てなければなりません。わが国も国際社会の一員としてその責任を全うするためには、発効までに周到に準備して国際社会における契約を遵守しなければならないでしょう。

田中　私たちも将来、体育・スポーツ指導者をめざしていますが、指導者として気をつける点を教えてください。

近藤　生徒の競技レベルによって留意すべき点が違ってくると思います。仮に、生徒の競技レベルを国際レベル、国内大会入賞から国体参加レベル、都道府県レベルに分けて考えてみます。国際レベルでは、ＪＯＣをはじめとする競技団体が専属ドクターと相談しつつ対応することになりますから、その指示に従えばよいと思います。問題となるのは、国体参加、入賞レベルです。このレベルでは専属の医師がいるとは限りません。おそらく顧問の先生がすべてのことに対応されていると思います。

知っていると思いますが、二〇〇三年の静岡国体から、国体においても薬物検査が実施されています。各競技団体はそれなりに講習会等を通じて薬物検査の手順とか、ドーピングで失格にならない対応策を示しているでしょう。しかし、実際に選手が検査対象に選ばれ、顧問の先生が付き添いで行かれたとき、実際の雰囲気は講習会で学んだこととは全然違うと思います。現実には、検査の手順自体は選手や付き添いに十分説明があると思いますし、検査自体は難しいものではありません。しかし、やはり陰性（違反なし）の検査結果が出るまでは本当に不安になると思います。だからこそ、アンチ・ドーピングの取り組みについて、事前に本人や父兄、OBにきちんと説明し、啓蒙しておくことも必要です。

このレベルでは無知による薬物の服用がもっとも危ないと思います。これまで何気なく飲んでいた健康飲料やサプリメントの中に禁止薬物が入っていることを知らずに、検査によって陽性反応を示すことがあり得ます。IOCの医事委員会の報告によると、点検したサプリメントの二割ほどに禁止薬物が含有されていたそうです。禁止薬物は微量であるなどの理由から、成分表示の「その他」に含まれている場合がありますので、十分な注意が必要です。

都道府県大会レベルの場合は薬物検査はありませんから、さほど神経質になる必要はありません。ですが、先に言いましたが、ある種の健康食品やサプリメントには禁止薬物が含有されている場合がありますので、安易な使用は避けるべきです。例えば、合宿中に差し入れとして各種ドリンク剤が届くかもしれませんが、こういうものにも注意が必要です。先ほど言った、父兄やOBへの啓蒙は、こういう場合の安易な差し入れを防ぐ意味もあります。アンチ・ドーピングの精神から言えば、検査されないから何を使用してもよいことにはなりません。

田中　静岡国体に検査が導入されたことによる懸念は何かありますか。

近藤　これまでの日本におけるドーピング違反事例を分析しますと、意図的なドーピングではなく無知によるものがほとんどです。仮に国体において陽性結果が出た場合、どのように対処するのかが問われます。未成年選手の場合は特に深刻です。陽性となったら、おそらく選手生命を断たれてしまうほどのバッシングが起こると思います。厳しい制裁が重なると、かえって代表を辞退する選手も出てくるかもしれません。先頃、イラクのスポーツ選手が負けたことで制裁を受けていたと報道されていましたが、そのためイラクの選手もできれば代表として選ばれないことを望んでいたようです。薬物検査の導入がかえって競技全体の停滞につながらなければよいと懸念しています。

そのため私は、これから三年間ほどは国体における検査を試験導入とし、統計的処理のみを行うことを提案したいと思います。つまり、移行期間ですね。ドーピングに関する意識調査も実施されていない現状で、いきなり検査を導入すると違反者が続出するのではないか心配です。しかも、禁止薬物であると知らなかったためにおこる非意図的なドーピングが多くでてくるのではないかと思います。それが公表されると、必要以上にスケープゴートにされたり一罰百戒となったりします。

違反事例のデータを調査研究し、アンチ・ドーピング啓蒙活動を今以上に積極的に展開することによって、本来の選手の健康、競技の公正、社会悪の追放の目的が果たせると思います。アンチ・ドーピングの意義や、どんなものに禁止薬物が含まれているか等も含め、選手や指導者に周知する十分な移行期間が絶対に必要です。

田中　ドーピング問題は、今後どうなっていくのでしょうか。

近藤　生命科学の驚異的な発展によって、これからの時代は薬物で身体を改造する時代ではなく、遺伝子操作が導入される時代になるようです。例を挙げますと、すでにIOCでは、遺伝子治療と称して選手の身体を操作する可能性が否定できないので、二〇〇三年一月からの規程の中で、遺伝子操作が禁止方法として追加されました。結局のところ、薬物を使用するドーピングは、世界一流レベルの競技からは徐々に減り、将来はほとんどなくなるでしょう。それにともない、ドーピング禁止規程は改訂を余儀なくされ、おそらくは、国内レベルの大会に出場する選手を対象としたものとなるのではないでしょうか。そうなってくると、青少年への薬物乱用防止活動と同じになります。

人間の欲望は果てしないようです。禁止しても新たな方法が探し出され、それが禁止されればまた別の方法が開発されることの繰り返しです。これが近代の「進歩」と考えると、オリンピックのモットーである「より速く、より高く、より強く」は、まさしく近代の進歩主義思想そのものを表しています。こうした考え方に変更がない限り、スポーツにおけるドーピング問題は、未来永劫続くものと考えられます。

（近藤良亨）

3・ドーピング論議は十人十色

■色眼鏡を外してドーピング問題にアプローチ

スポーツ倫理の中心問題は、何といっても「ドーピング問題」です。その問題構造は、暴力、差別、環境といった他のスポーツ倫理の問題群と共通しています。そのため、このドーピング問題を丹念に調べて検討していくと、今のスポーツ界の病巣が明らかになるだけでなく、ドーピング以外のスポーツ倫理問題への解決に糸口やヒントを与えてくれます。

さっそく問題へのアプローチを始めますが、その前にまず、ドーピング問題にはすでに偏見がありますので、それへの対応、心構えから始めます。その偏見とは、「ドーピングは悪だ」とはじめから決めつけていることです。決めつけてしまうと、「悪いものは悪い、だから懲らしめよう」といった短絡的な考え方、違反の罰則を強化しようといった対症療法的な解決策しかでてきません。

今のところ、ほとんどの人々がドーピングは悪いと言っていますが、世の中には悪いと知りつつも悪いことをしてしまう場合もあります。やむなくドーピングに手を染めてしまったのか、あるいは確信犯的に他の選手やファンをだまそうとしていたのかによって、悪さ加減も変わってきます。ドーピング問題を最初から色眼鏡で見ないで、認めるも認めないも、許せるも許せないも、良いも悪いも、いったんチャラにして「なぜ本当に悪いのか」から出発してみましょう。

蛇足ですが、偏見を持たずに物事を考えることは大切です。世の中には当たり前と思っている事柄が意外にも当たり前ではないこともありますし、本当は重大な問題点があっても、みんながやっているからいいやと思いこんだりする場合もあります。「赤信号、みんなで渡れば怖くない」わけがありません。赤信号は、たとえみんなで渡っても怖いのです。

もちろん偏見を取り除いた素直な心構えでドーピング問題にアプローチするにしても、やはり先人たちの意見や主張に耳を傾けることが基本です。第1章は、すべてドーピング問題なので、この項では、これまでに登場したドーピング問題に対する所論、主張をスポーツ哲学、スポーツ倫理学などを研究する人々から集めました。彼らの意見はドーピング問題を考えるいろいろな材料を提供してくれます。前半は日本の人々の意見、そして後半は外国の人々によるものです。

■わが国の特徴的な所論——芸術家、罰則強化、伝統的倫理観、平等

日本におけるドーピング問題への意見をいろいろ集めてみました。

今福は、かつてのサッカースーパースターであるマラドーナ事件を取り上げています[1]。サッカーに関心がある人ならマラドーナを知らない人はいないほどの有名選手です。五人抜きドリブル、神の手、コカイン使用といった話題に事欠かない選手でしたが、サッカーW杯アメリカ大会においてドーピングが発覚して失格になりました。

マラドーナの失格について、今福は、「マラドーナはスポーツ選手じゃなくて芸術家なんだ」からドーピングで失格させるのは疑問だし、スポーツにおける公平性を理由にマラドーナを失格したのは独特のイデオロギーに起因していると問題視しました。

確かに、薬物を使って芸術家が作品を制作してもその作品が失格となることはありませんし、プロのダンサーが長期公演を乗り切るためにその体調維持に薬物を使っても問題にはなりません。今福の主張からは、選手は社会においてどのような存在と思われているかの判断が、ドーピング問題を論じる分かれ道となりそうです。

多木は、近代スポーツが資本システム（商業主義）に巻き込まれて、「生産と消費の論理」に翻弄されている点を浮彫りにしています[2]。「生産と消費の論理」に翻弄されると、テクノロジーに支援された身体改造に向かったり、身体改造そのものを受け容れる今の風潮もドーピングに拍車をかけていると指摘しています。そしてスポーツ界だけでは防ぎきれない「生産と消費の論理という過剰な力」によって、ドーピング問題の解決には「モラルでは不可能」と考えて、罰則強化の方向を示唆しました。

序章で述べましたが、スポーツ倫理の啓蒙という視点からすると、安易な罰則強化は対症療法にすぎず根本的な解決にはなりません。スポーツ関係者として、自己浄化機能はなくなった、とあきらめるのは早すぎると思います。

草深は、「ドーピング＝悪」を前提にしては問題解決の糸口がつかめないことを了解しつつ、ドーピング問題が選手だけへの責任追及では不十分であり、関係者も同じように追及すべきと指摘しました[3)]。しかし、ドーピングをなくす方策として、主に伝統的なスポーツ倫理観に帰ることと唱えるにとどまっていることから、これで本当に問題が解決できるかどうか疑問です。フェアプレー、スポーツマンシップといった伝統的なスポーツ倫理観に訴えるだけでは、今のドーピング問題が解決するとは思えません。

ドーピング問題を考える際の中村の基本的原則は、近代スポーツが唱える「平等」です[4)5)]。彼の主張には独自性があります。例えば、医療技術の発展に追従してドーピングが解禁されるのではないかと予測したり、平等の原則からドーピング公認の競技会と非公認の競技会への棲み分けを提案したり、さらには人間の尊厳を損なう精神の加工（精神をコントロールするドーピング）を弾劾する主張が特徴的です。

他にも、ドーピングは近代スポーツが臨界点に達した証であるという主張や、ドーピングとは無縁の「スポーツの後近代」を表明する研究者もいます[6)]。

このように、日本における主張はそれぞれのコンテクストから論じられているので、統一性や一貫性はありませんが、これから私たちがドーピング問題を考える上での貴重な視座や見方を提供してくれています。詳しい内容は、それぞれの文献に直接あたってください。

■世界の人々の根拠、視座は何か
——自由至上主義、共同体主義、規則功利主義、公共性、徳倫理学

諸外国においても、ドーピング問題については日本以上に活発に論議が行われていますので、その主なものを紹介します。

サイモンは、それまでに一般的に言われていたドーピングの禁止理由（健康、公正、社会悪）に疑問を発し、最終的に二つの論拠からドーピングの禁止を唱えます[7]。一つは、スポーツというのは卓越性の相互追求と把握される場合に最も価値が高くなるが、ドーピングはその相互追求の場を壊しているから禁止されるべきだというものです。二つめは、薬物を使って競技力を高めることは、自分の生まれ持った能力もしくは生まれた後に努力して身につけた能力ではなく、薬への偶然の反応だから禁止されるべきと言います。

確かに、先行のドーピング禁止理由に疑義を発したサイモンの主張は、ドーピング問題を根本から考え直すきっかけを与えました。しかし、彼が考える「スポーツの本質＝卓越性の相互追求」と「スポーツが単なる薬物反応競技ではない」という論拠では、ドーピングの禁止を正当化することは難しそうです。

次にブラウンは、人間の自由を最大限に尊重する「自由至上主義（リバタリアニズム）」に基づいて主張しています[8)]。彼は、「判断力が備わっていない」青少年には、ドーピングの選択能力が欠如しているので、それを禁止することは正当であっても、大人に対するドーピングの禁止はできないと主張しました。

もちろんブラウンは、ドーピングを積極的に行えと主張しているのではありません。ドーピングを行うか行わないかを決めるのは、（大人の）選手自身にまかせるべきだという主張です。そこでは、行為主体者としての選手の能力もしくは自己決定、自律的存在者としての選手の能力を信頼し、自分の行為を自分で決める行為主体者であるべきことを最優先にしているのです。ただし、青少年はそうした能力が十分に身に付いていないのでドーピングを選択肢に入れるべきではないというのです。他方、大人（選手）には、自らの生活の大部分の行為を決定する能力が認められている以上、お節介なドーピング禁止を押しつけるのではなく、行う行わないを自分で決めさせるべきだと、ブラウンは考えます。

ブラウンとサイモンではドーピング問題を判断する思想的背景に違いがあります。つまり、サイモンは、ドーピングをスポーツの本質から禁止しようとしていますが、他方、ブラウンは、大人限定ですが、ドーピングの選択を本人に決めさせようとしています。スポーツの世界の安寧、伝統を保持しようとする「共同体主義」的な考えを持つサイモンに対して、選手を含めた個人に最大限の自由を与えようとする「自由至上主義」的な考えを持つブウランとでは、描く理想世界が違います。

次に、米国のスポーツ倫理学者として有名なフレイリーは、ルールの制定によって最大多数の最大幸福が実現可能とする規則功利主義の立場から、ドーピング行為が悪いと主張しています[9]。また、その方法論もサイモンと同じように「共同体主義」的な立場から、まずスポーツの本質、理想を描いて、次にそこから演繹的にドーピングの問題性を指摘しました。

しかし、このやり方では当然ブラウンから反論ができます。世界共通のスポーツの本質や理想的なスポーツ像があれば誰もが賛成してくれるでしょうが、残念ながら誰もが納得している見解はありません。数学の公理のように、スポーツの本質や理想が確定していれば論拠として受け入れられるでしょうが、現状ではそうもいきません。サイモンやフレイリーの演繹的方法を受け入れるには、スポーツ哲学の重要な課題であるスポーツの本質論（スポーツとは何か）とか、スポーツの理念（理想的なスポーツとは何か）の研究がもっと深化、蓄積されなくてはなりません。

世界アンチ・ドーピング機構（WADA）の倫理・教育委員会の委員長だったシュナイダーと共同研究者のブッチャーは、先行議論の検討の結果、これまでの禁止理由では根拠が弱すぎ、禁止を正当とする根拠はまだ見つかっていないと結論づけ、その禁止理由について独自の説を唱えます[10]。彼女らは、ドーピングを禁止すべき理由は、選手（個人）と社会の両面、つまり選手がドーピングをしてはいけないという理由と、社会の側がアンチ・ドーピングを支持すべきという理由があると言います。

選手がドーピングをしてはいけない理由は、①スポーツの喜び（joy）、②ドーピングの不適切性、③競技上の賢慮（athletic prudence）と不要な危険の回避、④ドーピングの無益性という四つがあると言います。他方、社会がアンチ・ドーピングを支持すべき理由は二つあって、一つは、ドーピングを望まない選手に不要な危険が回避できるという理由と、社会がスポーツ振興に公的援助をしている以上、スポーツを監視する責任があるという理由です。つまり、公的援助の方法を監視する社会の責任と、生涯スポーツの視点から一時期だけの特殊なスポーツ活動を支援するのではなく、生涯にわたる選手の健康、福祉を念頭において支援すべきという理由をあげます。スポーツは社会における文化財であるという視点に立って、スポーツの公共性を重要な論拠にしています。

英国のスポーツ哲学者であるアーノルドは、モラル、エートスという視点から、ドーピング問題を分析しています[11]。彼によると、「スポーツ参加者は、暗黙であっても互いにルールに従うことを主体的に同意すれば、同時に誠実という美徳もまた実践（practice）のエートス（慣習）として同意している」ことになるのですが、ドーピングに手を染める選手は、「あたかもルールを遵守しているかのように装って、相手を騙しているので不誠実な行為」になります。不誠実はモラル（道徳）に反し、相手選手への信頼を裏切ることは、本人の恥になるだけではなく、よき伝統をもつスポーツのエートスを腐敗させてしまうからこそ悪事になると、アーノルドは主張しています。

以上、外国の人たちにまで範囲を広げて、スポーツ哲学・倫理学を専攻する研究者のドーピング論を紹介してきました。簡単にかれらの所論をまとめると、サイモンは、自身のスポーツ本質論から薬物ドーピングにアプローチし、ブラウンは、自律、自己決定権を重視する自由至上主義の立場から薬物ドーピングの禁止規定への疑義を唱えていました。フレイリーは、規則功利主義と共同体主義の立場に立ってドーピング問題を考えましたし、シュナイダーらは、アンチ・ドーピングの理由を選手（個人）と社会の両面から考えました。最後のアーノルドは、マッキンタイアが提示する「実践」という概念をスポーツに適用し、アリストテレス流の徳倫理学の視点から問題に迫りました。

■新たなスポーツ倫理の創造を

この項では、日本や欧米を中心とする研究者らの意見をとりあげてきました。日本では、芸術家、罰則強化、伝統的倫理観、平等といったキーワードで表現される視点から分析されていましたし、欧米の諸議論では、自由至上主義、共同体主義、規則功利主義、公共性、徳倫理学といった現代応用倫理学の知見をふまえて議論しているのが特徴的でした。

WADAスタッフだったシュナイダーがその立場を顧みずに、「ドーピングを禁止する論拠はまだ見つかっていない」と公言したことに象徴されるように、正当化できる禁止理由の提示を含めてドーピング問題には非常に多くの課題があるようです。特に、現代社会においては、これまでのスポーツ倫理として拘束力があった規範が、科学技術、スポーツ科学技術の発展や様々な価値観によって、その拘束力が揺らいでいます。そのためにも今こそ新たなスポーツ倫理を創造することが要請されているのではないでしょうか。

（近藤良亨）

【注・文献】

1)今福龍太『スポーツの汀』紀伊國屋書店、一九九七年
2)多木浩二『スポーツを考える―身体・資本・ナショナリズム』(ちくま新書)、筑摩書房、一九九五年
3)草深直臣「ドーピングはモラルで律せられるか」『体育科教育』四六巻一号、大修館書店、一九九八年
4)中村敏雄『スポーツルールの社会学』朝日新聞社、一九九一年
5)中村敏雄「スポーツの新しい曲がり角」『体育科教育』四六巻一号、大修館書店、一九九八年
6)Arnold, P. J. (1992) Sport as A Valued Human Practice: A Basis for the Consideration of Some Moral Issues in Sport. Journal of Philosophy of Education, 26-2.
7)Simon, R. L. (1991) Fair Play: Sports, Values, & Society. Westview, Boulder, Colorado.（サイモン著、近藤良亨、友添秀則代表訳『スポーツ倫理学入門』不昧堂出版、一九九四年）
8)Brown, W. M. (1990) Practices and Prudence. Journal of the Philosophy of Sport, XVII: 71-84.
9)Fraleigh, W. P. (1985) Performance-Enhancing Drugs in Sport: The Ethical Issue. Journal of the Philosophy of Sport, XI.
10)Schneider, A. J. & Butcher, R. B. (1992) The Mesalliance of the Olympic Ideal and Doping: Why the Married and Why They Should Divorce. (In) Landry, F., Landry, M. & Yerles, M. (Eds) Sport: The Third Millennium. Proceedings of the International Symposium, Quebec, Canada, May 21-25, 1990.
11)畑孝幸、他「ドーピングを哲学する」『体育原理研究』第33号所収、二〇〇三年、一一五～一三二頁

4・ドーピングを禁止する論拠を再考する

■なぜドーピング問題の解決が難しいのか

ドーピングは、一九六八年のオリンピック大会から禁止されました。そしてそれから三十五年が経ちましたが、ドーピング問題はなくなるどころか、ますます頻繁に違反や疑惑が報じられています。つい最近も新手のステロイド（THG：テトラハイドロゲストリノン）が検出されたこともあって、有名な米国のプロ・アマ選手がドーピング疑惑にさらされています。

ドーピング問題の解決を難しくしている状況を二つあげます。

一つは、「陽性」と判定されなければよいとする考え方があることです。日本においては「ドーピング＝悪」の規範が守られており、過去にも意図的ではなく無知による違反が数件見受けられる程度です。しかし、世界に目を向けてみると、ドーピング違反者はここ数年、年間約二千人前後いますので、ドーピング禁止というルールを最初から守る気持ちがないのではないかとさえ思えます。

その背景には、ドーピング検査結果の陽性と陰性の境界線の問題があります。すなわち、一般的には、「陽性」がドーピングをした選手であり、「陰性」がドーピングをしなかった選手であると理解されがちですが、実際はそうではありません。正確に言えば、陰性にはもちろんドーピングをしていない選手が含まれますが、それ以外にも、確信犯か無知かは問わず、ドーピングを行っていても検査機器の精度や判定基準を超えずに陰性になった選手も含まれるのです。

周知のように、ゲーム中に公然と行われるルール違反や違反すれすれのプレーは、「プロフェッショナル・ファウル」と言われて、黙認、時には賞賛される場合もあります。こうした、審判に見つからないところでのルール違反やルール違反の境界線までのプレーならOKという状況は、ドーピングの場合にも当てはまり、違反となる基準以内であればよいとする風潮があるのではないでしょうか。ルール違反もゲームの一部（part of game）という考え方が、ドーピング問題の解決を難しくしているようです。

もう一つは、ドーピングが身体に悪いことを自分が承知して行っていれば、それはそれで認めようではないかという考え方があることです。つまり、事の善し悪しも含めて、自分のことは自分で決めさせればよいのではないかというのです。この考え方は現代思想の有力な考え方の一つであり、リベラリズム、リバタリアニズムといった考え方が「自己決定権」を後押しします。

本項は、ドーピング問題の解決を難しくしている後者の理由、すなわち「自己決定権」の思想からドーピング問題を再考しようとする試みです。ここでの自己決定権は、ミルが『自由論』で示した条件、すなわち、①判断力のある大人、②自分の生命、身体、財産に関すること、③他者に危害を及ぼさない行為、④他者が愚かと考える行為であっても、⑤自分で決定すること、と定式化しておきます[1]。それぞれをキーワードで示すと、決定資格、自己所有、他者危害、愚行、自己決定となります。そして、特にこのドーピング問題を考える上では、条件の三番目にある「他者危害」の再解釈によって、ドーピングを禁止する論拠を考えていきます。

■「他者危害」と「他者迷惑」

他者危害からドーピング問題を考えるにあたって、まず他者危害の説明から始めます。

ここで焦点を当てる「他者危害」というのは、簡単に言えば、自分の行為が他の人に危害を直接的に及ぼしてはいけないという、きわめて常識的なものであり、皆さんもよく知っていることです。現代社会では、相手の口の利き方が気に入らないとか、悪口を言われたからといって、相手を殴って許されることはありません。相手を殴っても見逃されるのは、「正当防衛」の時だけと言われていますので、それ以外で相手を殴ってけがを負わせれば、傷害罪となります。しかし、法律にふれない行為であっても、「他者迷惑」な行為は日常よく見受けられます。

例えば、最近では、電車内で正々堂々と全面化粧を行う女性を見かけるようになりました。言われなくてもわかっているでしょうが、電車の中は、いろいろな人が偶然必然の別はあるでしょうが、そのみんなが共有する「公共空間」です。公共の空間ですから自分勝手な行為は控えなければなりません。大声で騒いだり、携帯電話をかけ続けたりといった他者迷惑な行為は極力さけるべき場所です。「化粧をする」ことは他者危害ではないでしょうが、他者を不快にさせる可能性(目のやり場、においなど)はあります。直接的な他者危害は比較的わかりやすいのですが、他者迷惑の判断は、時と場合によって変わるようです。かつてはほとんど見られなかった電車内での化粧が、今ではちょくちょく見かけるようになったのもその例でしょう。

蛇足ですが、他者危害は法律によって量刑が判断されますし、他者迷惑はモラルで判断されます。モラルは罰則がありませんが、他者から白眼視、無視、迷惑そうな顔をされたり、時には村八分の制裁が課せられることもあります。その土地の慣習を無視したための村八分は、相当に厳しい措置になります。また、モラルでは防ぎきれないと判断された場合には、罰則を伴ったルールになることもあります。

■「他者」の再解釈

話題が少しそれましたが、ここでは「他者迷惑」ではなく、直接の「他者危害」を扱います。ドーピングについて、これが自己決定できる行為かどうかを判断するために、「他者危害」の中の「他者」を解釈し直してみます。前述したミルの条件に従うと、ドーピングが他者に危害を及ぼす他者危害行為ならば、これを自己決定することはできないので、ドーピングを自分で決めることはできないことになります。

二つの解釈を考えてみます。

⑴未来の私は他者！

この解釈のヒントは、環境問題でとりあげられる「世代間倫理」（未来世代への倫理的責任）の考え方がベースにあります。つまり、現在の世代が未来の世代に「環境汚染のつけを回す」ことは危害になるとの警鐘を参考にしています。

この未来世代という考え方を参考にして、現在の自己（私）をAとして、未来の自己（私）をA′と仮定してみます。

〈自己と他者との関係の解釈Ⅰ〉

A ――――――→ A′

現在（自己）　　未来（他者）

このように仮定すると、現在のAと未来のA′とは別々の人になって、未来の私は他者になります。現在の私を自己、未来の私を他者として自己－他者関係を作り上げるのです。このように想定した上で、ドーピングの禁止理由を考えます。

薬を使うドーピングは健康への重大な害が懸念されています。薬害（副作用）が懸念されているわけですから、例えばドーピングしようとしている選手（現在のA）は、自分のことだから自己決定できると主張しても、未来のA′（他者）に健康上の危害を及ぼす行為となると、それは「ちょっとだめ」となります。未来の私が他者ならば、他者に危害を及ぼす現在の行為は自己決定できません。

この関係を成年と未成年とで考えるとわかりやすくなります。

成年、未成年を事例に考えれば、現在のAの決定によって生じる、未来のA′に対して、誰がその責任を持つことが求められているでしょうか。通常、成年の場合の未来のA′に対しては、自己決定できる資格条件を満たしていることから、自分自身が責任を持つことになります。一方、未成年の場合の未来のA′は、未成年であるために自分自身で責任が持てないことから、他者（代理）が責任を持つことになっています。社会通念上、理性的判断能力がないあるいは弱い人に対しては、未来の自己A′に対するパターナリズム（父親的温情主義）が容認されています。このように未来の自己A′を想定すれば、自分だけで決められない範囲が拡大することになります。

⑵自己制御できないことは他者！

もう一つの解釈は、自己の中に他者を想定する方法があります。つまり、私たちには、自分の意志で制御できる行為（a）と制御できない行為（a′）があると考えます。

〈自己と他者との関係の解釈II〉

A（自己）（a／a′）

（a）制御可能（自己）（a′）制御不能（他者）

私たちは自分の意志で行った過失に対して責任が問われますが、心神喪失や心神耗弱状態であれば、責任が軽減されたり時には問われなかったりします。この原則を認めることを前提にすると、自らが制御できる行為だけが「自己」の範囲であり、逆に自らが制御できない行為は「他者」の範囲となります。

そして、仮に自分では制御できないもの（a′）が他者となり、他者に危害を及ぼす行為は当然、自己で決められる行為にはなりません。難しく言えば、自己の中に制御不能という意味での他者性を想定すれば、自己決定権の範囲は制限され、特定の行為の禁止が可能になります。

制御可能な行為「自己」と制御できない行為「他者」という枠から、薬物ドーピングを禁止することができます。つまりドーピングは、薬による生体反応そのものが自己制御できない行為（a′）のために自己決定できません。自己決定できるのは自らが制御できる行為に限定されるからです。誰もが体験しているように、薬を使ったあとの薬物反応は自分で制御できません。風邪をひいて高熱が出た場合に飲む解熱剤は、熱を下げようと自分で思わなくても、自動的に熱を下げてくれます。

自己制御可能（a）／制御不可能（a′）という二分法を用いれば、血液ドーピングが禁止され、高地トレーニングが認められる理由の説明もできます。すなわち、血液ドーピングの場合、他人の血液は論外ですが、自己の血液の場合であっても、生体への一時的な血液注入に伴う生体反応は、自己制御不可能（a′）に陥ることは明らかです。他方、高地トレーニングの場合は、生体の馴化による自己制御可能（a）な行為なので、自分で制御できなくなればトレーニングそのものが続けられません。

このように、薬物反応が自分で制御できなければ、自己決定できる行為とは考えられません。そのために禁止事項とすることに正当性があるのではないでしょうか。

■他者に危害を及ぼすドーピングは禁止

「自己－他者」の二分法から「他者」を解釈し直してみました。

最初の解釈は、現在の自分からみれば、未来の自分は他者になると仮定しました。そうすると、現在の自己が薬害を承知していたとしても、未来の他者には重大な危害を及ぼす可能性がありました。特に、有効なドーピングになるための薬の量は医師の処方とは比べものにならない量だと言われていますから、将来に悪影響が生じることは容易に想像できます。よって、ドーピングは他者危害にあてはまり、自己決定できない行為となります。

また、二つめは、自己制御可能／制御不可能な行為を「自己－他者」と置き換えました。そうすると、制御不可能な行為は他者と見なされ、自己で決められる範囲を超えることになります。主として薬物よるドーピングは、本来自分で制御できる能力を薬物によって自動的に制御してもらっている状態（制御できない状況）になっています。本来のトレーニングであれば、一定量を超えれば疲労困憊でトレーニングが続けられないのですが、薬物を使えば自己制御できる限界を超えることができます。制御不能な他者を一方的にコントロールさせるようなドーピング行為は、やはり「他者危害」の範疇に入り、自己決定できないのではないでしょうか。

（近藤良享）

【注・文献】

1) J・S・ミル著、塩尻公明・木村健康訳『自由論』（岩波文庫）、岩波書店、一九七一年

【備考】

本項のテーマをさらに深めるには、以下の文献を参照されたい。

・藤原保信『自由主義の再検討』（岩波新書）、岩波書店、一九九三年
・沖正昌樹『不自由論―「何でも自己決定」の限界』（筑摩新書）、筑摩書房、二〇〇三年
・立岩真也『私的所有論』勁草書房、一九九七年

第2章

環境へのミニマム・インパクト

―スポーツ界ができること―

1・オリンピックと環境保全

実感はないかもしれませんが、私たち人間を含めた地上の生物は、みんな宇宙船『地球号』の乗組員（crew）です。人類が出現するまでは、他の生物たちによる食物連鎖によって上手にバランスを取ってきましたが、人類の欲望から地球環境への悪影響（地球温暖化、大気汚染と酸性雨、オゾン層の破壊、野生生物の減少、森林の減少、砂漠化、海洋汚染、有害物質の越境移動、等々）を及ぼしてきました。次世代にクリーンな地球環境を引き継ぐことは今の私たちの責任です。スポーツ関係者も社会の一員として、かけがえのない宇宙船を美しい環境に保持するための倫理的責任があります。

ここでは、スポーツ組織団体（国際オリンピック委員会、日本オリンピック委員会）がどのように環境問題に取り組んでいるかを明らかにしようと思います。特に、スポーツ界の最大のイベントであるオリンピックに焦点をあてます。

「環境保護の金メダリストに」の表紙と本文
国際オリンピック委員会（IOC）のスポーツと環境委員会が、社会的影響力の大きいオリンピック選手に向け、環境意識の向上をめざして作成した小冊子。

■IOC（国際オリンピック委員会）における環境保全活動

ＩＯＣと環境保全問題との関わりが始まるのは七〇年代です。具体的な形でＩＯＣが環境保全問題に遭遇したのは、一九七二年札幌で開催された冬季オリンピック大会からです。恵庭滑降コースは、環境保全団体からの要請を受け入れる形で、大会後に植林され元の状態に戻されました。三十年以上経った今、恵庭滑降コースがどこにあったのか見分けがつかないほどに回復しています。また、一九七六年に開催予定だったデンバー冬季オリンピック大会は、経済的な要因もありましたが、その一方、環境破壊を防げという環境保全団体の主張が認められて、大会を返上しました。

八〇年代になると、ＩＯＣはいつも環境保全団体からオリンピックの開催が環境汚染や自然破壊につながるという反対運動を起こされてきました。当然、できる限りの配慮はなされたのですが、ＩＯＣはいつも受身であり、後追いだったと言えるでしょう。

九〇年代に入ってサマランチＩＯＣ会長は、今までの環境保全に関するアピールを充分に検討し、ＩＯＣこそがこの大切な環境保全の先頭に立つべき国際団体であると位置づけ、それまでのオリンピック・ムーブメントの柱だった、「スポーツ」と「文化」に加えて、「環境」を第三の柱とし、その環境保全活動に着手しました。

九〇年代以降、ＩＯＣの環境保全活動は本格化します。

一九九二年、ブラジルのリオデジャネイロで国連環境開発会議（地球サミット）が開催されました。そこで「環境と開発に関するリオ宣言」が採択されました。その宣言のキーワードは「sustainable development（持続可能な開発）」でした。この「持続可能な開発」は、様々に解釈されていますが、その一つに「将来の世代が自らの欲求を満たす能力を損なうことなく、今日の世代の欲求を充足させるような開発」という定義があります。これは「環境と開発に関する世界委員会」が一九八七年に公表した報告書「Our Common Future（我ら共有の未来）」で取り上げられた中心的な考え方と同じです。他方、自然界では無限に成長できないという観点から「人々の生活の質的改善を、その生活支持基盤となっている各生態系の収容能力限界内で生活しつつ達成すること」

という定義もあります。

一九九二年、バルセロナ・オリンピックにおいてＩＯＣは、そのメンバーに地球環境保全をＩＯＣとして約束する署名文書（earth pledge）を作成、全メンバーがその国を代表して署名をしました。また、最近では「sustainability（持続可能性）」を中心的なコンセプトにして、自然環境保全とバランスのとれた開発を数値で規制する方向に向かっています。

一九九四年、パリにおけるＩＯＣ百周年を記念するコングレスが開かれ、一つのテーマとして「スポーツと環境」（Theme I-B sport and the environment）が討議され、最終日に以下のように決議されました。

決議（resolution）
1．オリンピック憲章
環境保全の重要性をオリンピック憲章の基本理念に組み入れる必要性がある
2．スポーツと環境委員会の設置
環境保全に関わるオリンピック・ムーブメントの役割はオリンピックや主な競技会のみならず継続的に活動する為に委員会を設置して強化されるべきである
3．環境保全の教育と啓発
オリンピック・ムーブメントと環境保全団体はスポーツ界と青年に対する教育の為に互いに

協力と貢献をすべきである
4．環境保全対策の実践
スポーツ活動は環境を尊重し又保全の技術実践の促進や持続可能な開発を進める手立てとして組織されねばならない
5．候補都市に対する環境評価
オリンピック・ムーブメントはオリンピックを組織する際に起こる環境の影響のすべての要素を常態的に配慮しなければならない。環境に対する配慮はオリンピック開催都市を選ぶ重要な評価要素でなければならない

そして、一九九四年パリで開催されたＩＯＣ百周年コングレスの期間中、スポーツと環境分科会の決議に則って、翌年「オリンピック憲章」に次の項目が追加されました。ＩＯＣの役割として、「環境問題への責任ある関心を示すという条件のもとでオリンピック競技大会が開催されるよう配慮するとともに、オリンピック・ムーブメントが環境問題に責任ある関心を表明する事を促進し、そうした関心を活動に反映させ、またオリンピック・ムーブメントに携わる全ての人々に持続可能な開発の重要性に対する関心を喚起する」と明文化されました。

パリコングレスの決議に則って、「スポーツと環境委員会」が一九九五年に設置され、以来毎年一回の委員会と数回の地域セミナー、そして二年毎に「ＩＯＣスポーツと環境世界会議」を開くこ

とになっています。会議はすでに、ローザンヌ、クウェート、リオ・デ・ジャネイロ、長野で開催され、二〇〇三年にはトリノで開催されました。

一九九二年、リオ・ディジャネイロで開催された地球サミットで「アジェンダ21」が採択されましたが、IOCのスポーツと環境委員会はこの国連のアジェンダ21をもとにして、一九九九年にスポーツ界の環境保全マニュアルとして「オリンピック・ムーブメンツ・アジェンダ21」を編纂しました。このマニュアルがIOCの環境保全活動のバイブルです。

そして、長野オリンピック冬季大会では、グリーンゲームスと呼ばれるほど環境保全への対策を講じ、一九九四年のノルウェー・リハンメル大会を越えるべく「美しく恵み深い自然」(beauty and bounty of nature) というモットーのもと、美しい自然を保全するのみならず、以下のような多くの具体的な環境保全活動を行いました。

例えば、白馬のバイアスロン競技場建設予定地は、天然記念物のオオタカの生息地であることから野沢温泉に建設地を変更し、また白馬のジャンプ台を拡大するに際し、周辺に生息している天然記念物のギフチョウの食物であるミヤマアオイの植え替えを行っています。また、組織委員会の役員やボランティアの防寒ユニフォームは、表面材、断熱綿、ライナー、縫い糸、ファスナーなどすべての材料をナイロン6を使うことによって使用後、加熱することでまた原糸に戻すことができる完全リサイクルシステムを採用しました。さらに、ボブスレーやリュージュの会場であるスパイラルの製氷には、代替冷媒を用いることでアンモニアの量を六十分の一に抑えました。一方、選手村の食堂ではプラスチックの食器の替わりにリンゴの繊維を固めた食器を利用することにより、使用後土に戻すことでゴミの問題を解決しました。

オリンピックを開催するためには、このように様々な環境保全対策が必要ですが、こうした対策をはじめ、大会を招致する都市の評価基準がＩＯＣで決められています。なぜなら、一九八四年ロサンゼルス・オリンピックが商業戦略導入により大成功を収めて以来、多くの都市はオリンピック都市としての知名度向上に併せて、商業的成功を目的にオリンピック招致に名乗りを上げるようになったからです。ＩＯＣは、多くの招致都市に対し、彼らの義務と責任を明確化し、ＩＯＣ評価委員会が合理的また能率的に評価できるよう、招致を希望する都市には以下のような情報の提出を求めています。

1. 候補都市及び周辺地域の基本的地理的特性記述書
2. 担当省庁の環境と自然資源管理システムの解説と組織委員会に対する責任を解説するチャートと簡潔なデータ
3. 候補都市と周辺地域の地図とチャート、もし可能であれば基本的な地理的特質、簡潔な概要と環境健全度、保護地域、文化的遺産と危惧される自然障害など地域的環境の状況の簡潔な調査結果
4. オリンピックの組織委員会が計画、建設や環境保全に関する地区、地域、国の規制や法律ま

た国際的な協約や協定のために必要とされる全ての対策を記述した管轄省庁の公的保証書を提出のこと。原本はＩＯＣに提出

5. 全ての会場と施設に対して担当省庁による環境影響評価の研究結果リスト

6. 組織委員会が計画した環境管理システムの簡潔な概要を含む目的、目標と優先順位と共にオリンピック大会に対する環境へのキーポイント活動計画

7. 招致委員会や組織委員会によって作成された環境啓発プログラム

8. オリンピック大会の準備期間中に自然環境と文化的遺産の重要な特質の強化と保全への活動報告

9. 候補都市、地域、国に存在し助言をした環境非政府組織

10. 非政府組織の規模、特徴、代表性

11. 立候補に対する意見、態度

12. 運輸に関する対策と可能であれば道路拡張などのインフラ計画を含む大気、騒音から発生する環境影響を最小化する対策

13. 固形廃棄物処理、下水処理またエネルギー管理計画とそれが将来都市や地域に及ぼす影響

14. 環境の先進計画及び開発計画とオリンピック大会に関係する環境に配慮した技術導入

15. このマニュアルがカバーしていない特別の特質について、あるいは招致委員会として加えたい項目

■JOC（日本オリンピック委員会）における環境保全活動

JOCは二〇〇一年四月に「スポーツ環境委員会」を設置し、その年十一月、長野において「第四回IOCスポーツと環境世界会議」の開催に向けて活動を開始しました。

委員会の目的はスポーツ界における環境保全の啓発と実践であり、いくつかの具体的な活動を実行しています。啓発のためにJOCの加盟国内スポーツ連盟・協会の競技会やイベントにおけるポスターの貼付、パンフレットの配布、ゴミの分別、できる限りのエネルギー・資源の節減、その他各々の競技の特性に適した対策も講じられています。例えば、陸上競技に使用されるナンバーカード（ビブ）をリサイクル素材で作成したり、柔道では大会会場のゴミを観客に持ち帰ってもらうことなどを推進しています。

毎年、活動報告書を作成して、実際の活動状況も写真で紹介しています。報告書には、もちろん「スポーツ環境保全マニュアル」や「オリンピック・ムーブメンツ・アジェンダ21」の全文を載せて、より深い理解を求めています。

スポーツ界には、国際的にはオリンピック大会、アジア大会などの地域大会、各競技別の世界選手権大会、ワールドカップ、大陸別選手権などがありますし、国内では国民体育大会、各国内競技選手権など、多くのスポーツイベントが開催されています。これらスポーツイベントには、その規模の大小を問わず、できる限りの環境保全の対策がなされなくてはなりません。例えば、新しく施設を建設する場合は、その立地、規模、競技設備、冷暖房装置、建築材、騒音、照明、座席、小売店、待合室など、多くの要素に環境の側面からその負荷を最小にする（ミニマム・インパクト）必要があります。また、立地は特に建設前の景観や生態系など、自然環境の保全に配慮されなければなりません。一九七六年に冬季オリンピックを返上したデンバー市の場合、こうした環境保全対策の不十分さから住民の反対運動が起こりました。冬季競技の施設の場合は、製氷のための冷媒などが漏れないようにしたり、できるだけ環境に優しい間接製氷法を用いるなど、施設の設計段階から環境に配慮するべきでしょう。また、運営についても、その準備段階から環境保全に配慮し、より少ないエネルギー、少資源で大会が開催できるように配慮し、観客にゴミの持ち帰り、分別への協力を促すメッセージを発信することが必要です。

今後の課題として、スポーツ関係者すべてに、「スポーツと環境」の重要性を機会あるごとに啓発して、認識を高めていく必要があります。また、スポーツの現場における3R活動（reduce発生抑制・reuse再利用・recycle再生利用）をスローガンにして、身近にできることから実践すべきだと思います。すべてのスポーツ関係者が宇宙船地球号の乗組員であることを自覚して、クリーンな地球環境を保全して初めて、健全なスポーツの発展がなされるのです。

（水野正人）

2・長野冬季五輪はどこまで環境を守れたか

「美しく豊かな自然との共存」を基本理念に掲げた長野冬季五輪は、一九九八年二月に十六日間にわたる競技日程を終えて閉幕しました。日本選手勢の活躍もあり、華やかに終わった長野大会でしたが、一方で招致の段階から自然保護問題に揺れたオリンピックでもありました。過去の冬季五輪史上最大級の大会規模となり、様々な自然環境保護対策を内外にアピールしたこの大会が、果してどこまで環境を守ることができたのかを冷静に振り返ってみたいと思います。

■長野五輪の自然保護対策の特徴

長野冬季五輪では、競技会場や競技関連施設を準備するにあたり、様々な自然保護対策が工夫され、実行されました。それらすべてをここに紹介することはできませんが、対策の最大の特色といえるのは、野生生物の生息環境の保全に細かな配慮が払われたという点です。例えば、計画段階でオオタカなどの猛禽類の生息が確認されると、施設の設計変更や会場地の変更がなされました。また、なるべく既存施設を活用したことや、工事で発生する表土や巨石などの自然材料の有効利用、郷土樹種による緑化なども採用されています。さらに、道路下に野生動物用の移動経路（エコロード）が設置されたり、工事の影響を受ける希少な植物の移植やギフチョウなどの蝶の食草の移植といったことなども行われました。

ところで、長野に先んじて環境五輪を目指し、一九九四年に開催されたリレハンメル大会では、環境保護のためにリサイクル対策や省エネルギー対策が積極的に試みられていますが、長野の対策の性格はリレハンメルと大きく異なったものになりました。それには理由があったと考えます。例えば、長野の自然環境です。過去の冬季五輪開催地の大半は、北緯四五度をこえるような北の地域で開催されています。ところが長野は北緯三七度以南にあり、地理的にみて冬季五輪史上最も南の地での開催になりました。長野県北部は、冬の雪に恵まれているばかりでなく、四季の変化に富む場所です。さらには、激しい地殻変動と約十万年周期でくりかえした大規模な気候変化の影響をうけ、他の開催地よりもはるかに多種多様な自然環境と生物群に恵まれています。したがって、長野で冬季五輪が開催されるにあたり、多様な野生生物への影響が問題になることは、当然のことであったといえます。

■地域の大規模総合開発でもあったオリンピック

先に述べた多くの対策は、例えば一株の植物やある種の動物に注意を向けるというようなもので、個々の現場における小さな視点による対策の積み重ねといえます。一方、オリンピックと環境というような大きな視点で見てみると、また違った様相が浮かび上がってきます。野外の主な五輪関連施設を対象に集計してみると、工事のために伐採された樹木の合計は約十二万本、動かされた土は二百四十五万七千立方メートルで東京ドーム二杯分にも相当する量になりました。十六日間の競技のために、いかに大変な規模で自然の改変が行われたかが、この数字からも明らかです。このように自然の改変規模が大きくなった原因には、長野地域の起伏に富んだ地形や地質が影響しています。同時に、競技が五つの市町村で広域に分散開催されたことも大きく影響しています。また動かされた土量の内訳をみると、競技会場よりもむしろ競技会場をむすぶ道路整備の開発の方が大規模であったことが明らかです。工事の規模やその内訳に関するこれらの集計結果は、スポーツ競技大会であるオリンピックが、地域社会にとっては巨大なインフラ整備をともなう総合開発でもあったということを物語っています。

■長野五輪における道路建設の意味

残念ながら長野大会では、野生生物に向けられた多くの配慮にくらべれば、大会全体の開発規模の縮小に対する配慮がやや不足していたといわざるを得ません。すでにのべた道路建設もその一例です。長野のような山岳地で、盆地と盆地にまたがる広域分散開催を計画し、会場間を安全にしかも短時間で結ぶとすれば、道路をはじめとする大規模な土木工事は避けられません。そのため、会場地の適正配置は、自然環境保全のうえで非常に大きな意味をもっています。ところが、全体的な会場配置について、環境保護の面からの検討はほとんどなされた様子がありません。なぜだったのか、その理由は「長野冬季オリンピック白書」などの資料にも書かれている五輪招致の頃の事情にあります。

スキー王国を自認する長野県には、冬季五輪を招致したいと考えてきた市町村はたくさんありましたが、開催候補地として外国と競り合うには、まず国内の招致合戦に勝利しなければなりません。そのためには、他県に遅れをとらないように、事前に長野県勢として強固な意思統一をはかっておく必要があったようです。なぜなら、長野は過去三回にわたり冬季五輪の招致活動をしていますが、前の二回では、県内の開催希望地間での足の引っぱり合いによって、結局招致に失敗したという苦い経験があったからです。したがって、複数市町村による広域分散開催という方針は、長野の意思統一の鍵を握る大前提であったことが想定されます。つまり、環境への配慮という理念が大きくアピールされる前に、招致の早い段階ですでに広域分散開催の方針はでき上がっており、大規模な道路建設も必須条件になっていたと考えられるのです。もしそうであるなら、もはや環境保護の立場からこれを再検討する余地も機会もなかった理由が理解できるように思います。

■長野五輪の自然保護対策の限界

では、大会準備における自然保護対策の位置づけは、どのようになっていたでしょうか。当時、長野大会の準備と運営は㈶長野オリンピック冬季競技大会組織委員会（ＮＡＯＣ）が行い、施設の建設は県や五つの開催市町村が個々に行うという体制になっていました。NAOCは「美しく豊かな自然との共存」を基本理念に掲げましたが、不思議なことに、当のNAOCには自然保護をあつかう担当窓口が置かれていません。そのかわり、自然保護検討会議という自然保護に関する専門の検討機関が県によって組織され、個々の工事現場で保護対策の検討や指導が行われるという形がとられました。第一に、これは、自然保護に関しては有識者と自治体内部の既存の環境部局の協力によって、個々に対応するという方針を示すものです。また第二に、自然保護は大会の計画や運営上の問題としてではなく、基本的に建設時の現場対応の問題として取り扱うという姿勢を意味していると理解できます。じっさい、多種多様な自然保護対策の実質的な担い手となったのは、NAOCではなく個々の施設の建設担当でした。長野大会で、大会の「企画・運営」をする側と、「自然保護のための対策」をする側が組織上分離しており、それらを一元的に管理・実行するしくみがつくられなかったことは重要です。対策が最終的に個々の施設整備担当の努力に任されたということは、生物に対するきめこまかな配慮や、たくさんの対策メニューを工夫するうえで、良い効果をもたらしたかもしれません。しかし全体計画と自然保護対策が一元管理されないということは、オリンピック全体として、環境への負荷を小さくするための計画的な視点がはじめから用意されなかったということにもなります。県や市町村と多くの専門家が協力しあって、自然保護のために大変な努力がされたのは事実ですが、基本理念にうたわれた「自然との共存」には、環境負荷に対する大きな視点において限界もまた存在したと考えます。

図1　長野冬季五輪クロスカントリー競技会場の造成工事（長野県白馬村）

■近年のオリンピックをめぐる自然保護の問題

雪を必要とする冬季競技種目は、気象や地形などの自然環境の影響を強く受けやすいことが特徴です。むしろ与えられた自然条件の中で、最高度の技術と体力と精神力を競うところに、屋外の冬季競技の醍醐味があるようにも思われます。ところが、本来自然の中で、自然条件を生かして行われるはずの競技種目でありながら、大会の巨大化にともない、逆に競技そのものが自然環境を脅かしかねない状況になりつつあるのが今の状況です。例えば、白馬村の里山に造成されたクロスカントリー競技会場では、二十七万立方メートルの土が動かされ、四万八千本もの樹木が伐採されました（**図1**）。もともと北欧の生活のなかから生まれ、庶民的なスポーツとしても人気が高いクロスカントリー競技が、これほどの規模の自然改変をもたらすというのは、いうまでもなくオリンピックの巨大化に原因があります。今日のオリンピックは、純粋に競技のためというよりも、大会運営の必要性から、予想外の部分に、予想もできなかったような自然破壊や環境影響を及ぼす可能性をもっているのです。スポーツ競技大会である以上、人々の関心が競技会場に集中しがちなのは当然です。しかし自然保護の面では、会場間を結ぶ交通網整備やその他関連施設を含め、オリンピック全体が自然や地域社会に与える影響について、総合的に環境影響評価が行われなければならない時期がきていると考えます。「実施にあたって、環境保護にも配慮を」というこれまでの意識から「環境保護という前提のなかで計画し、実施を」という意識の転換が必要になっています。

札幌で冬季五輪が開催された一九七〇年代初めから、オリンピックに伴う環境破壊がしばしば問題視されるようになりました。一九七二年には環境破壊への反対などを理由にデンバーが五輪大会の返上をしています。とくに長野大会においては、招致段階から繰り返し自然保護が問題になり、大会直前には滑降競技スタート地点の引き上げをめぐり、大きな自然保護論争が繰り広げられました。そのような経過には、長野の自然の特徴ばかりではなく、巨大化したオリンピックがもたらす自然環境への影響がもはや誰の目にも無視できなくなってきたということや、世界的に自然環境への保護意識が高まってきたという国際社会の潮流が影響しています。国際オリンピック委員会（IOC）が一九九九年六月に採択した「オリンピックムーブメンツ・アジェンダ21」には、「今後は全てのスポーツ関係者が積極的に環境保全に取り組む」という趣旨がうたわれていますが、これもその流れにのった対応です。ただし、自然保護は本来時間がかかるもので、地道な行為の継続によって支えられるものです。そのため、一時の祭典ともいえるオリンピック大会と自然保護とを同じタイムスパンで論じることには無理があるという認識も必要です。自然への影響の多くは一過性のものではありません。少なくとも今日のオリンピック大会では、メダル獲得をめざす華々しい選手の姿が放映される舞台のかげに、長い時間をかけて、多様な形で徐々にあらわれてくる環境への大きな負荷があることを、オリンピック関係者も観客も知っておく必要があります。

■長野はどこまで環境を守れたか

現時点で「どこまで環境を守れたか」という問いには、「ある程度は守られた……はず」というほかはないと考えます。なぜなら、ごく限られた情報をもとにして、人間が行った環境保護対策に、完璧や万全ということはあり得ないからです。自然保護のために働いたたくさんの人々の努力を軽視するわけではありません。本来、自然保護対策の評価のためには、払われた努力と、それがもたらした結果は、きちんと区別してとらえなくてはいけないからです。長野大会の前後を通じてとても気になったのは、自然保護のためにいかに努力したかをアピールすることによって、まるで自然の保護ができたかのように語られる場合が少なくなかったことです。もの言わぬ自然は反論のしようもありません。自然保護の評価を行うときには、人間側の努力をアピールするだけでは、自然環境や野生の生き物たちに対してフェアな態度とはいえないでしょう。二十一世紀の人類に求められているのは、まず自然に対して謙虚であることだと思います。

たとえよく考えられた対策であっても、人間が行うことには「うまくいった部分」と「必ずしもうまくいかなかった部分」、そして「これから明らかになってくる部分」が必ずでてきます。長野冬季五輪の経験を本当の意味で二十一世紀に生かすためには、これからもその三つの部分をきちんと受け止めて、正しく評価していくことが大切です。

（富樫　均）

[注・文献]

本項の執筆にあたっては、以下の文献を参考にした。

・長野県自然保護研究所編「長野冬季オリンピック関連事業の自然環境への影響と対応に関する調査研究」『長野県自然保護研究所紀要4、別冊3』所収、二〇〇一年

・長野県自治研究センター編『長野冬季オリンピック白書』二〇〇〇年

3・長野冬季五輪男子滑降競技スタート地点論争が残したもの

一九九八年の二月に開催された長野冬季五輪では、大会の直前に、男子滑降競技スタート地点引

き上げ問題が起こりました。この問題は、長野五輪における自然保護問題の象徴として、今なお多くの人々に記憶されています。スタート地点問題とは一体何だったのかを振り返り、同時にあの問題が私たちに問いかけた意味を考えてみます。

■いったい何が問題だったのか?

ことの発端は、北アルプス八方尾根の滑降競技予定地において、当初計画されていた一六八〇mのスタート地点を、国際スキー連盟(FIS)が一八〇〇mに引き上げるように要請してきたことにあります。その要請は、すでに一九九三年の現地調査のときに、競技特性をさらに高めたいということで出されていたものでした。これに対して長野オリンピック冬季競技大会組織委員会(NAOC)は、一貫して引き上げを拒否しつづけ、国際オリンピック委員会(IOC)理事会においても基本的に了承をうけ、ほとんど一六八〇mのままで行われることになるかと思われました。ところが大会を目前に控えた一九九七年九月になって、FISが強硬に引き上げを要請したことから、両者の対立が一気に深刻化しました。国内外のスキー競技団体・自然保護団体・NAOC・行政・地元住民・マスコミ関係者などを巻き込んだ全国規模の激しい論争になり、長野大会における自然保護問題の象徴ともいえるほどの大問題に発展したのです。当時のスタート地点引き上げをめぐる賛否の理由をまとめてみると、つぎのように整理できます。

【引き上げたいとした理由】

①滑走タイムが短く、選手が十分に実力を発揮できないという不満意見がある（一分三十秒台となり、過去の多くの大会記録よりも十～十五秒短い）。

②オリンピックという特別の大会にふさわしく、最高レベルの競技条件にしたい。

③シーズン中に数十万人の一般スキーヤーが滑走し、すでにゲレンデ化している場所であるのに、オリンピック選手が使えないのは不合理。

④ゲレンデ化している状況がこれまで長い間容認されてきたという事実があるし、法に違反することなく競技はできる。

⑤雪の上での短期間の競技開催であり、適切な配慮をすれば、スタート地点引き上げによって自然環境が悪化する恐れは少ない。

【引き上げられないとした理由】

①引き上げなくともFISの規則を満たすコース設計にはなっており、競技開催は十分に可能。

②五輪招致のときに、国立公園（普通地域）の自然保護を理由に、競技会場が山ノ内町志賀高原の岩菅山から白馬村八方尾根に変更されたという経過がある。それ以来積み上げられてきた自然保護に関する議論の蓄積があり、もはや方針は変えられない。

③そもそも一九九〇年に八方尾根への会場変更が決定した当初から、スタート地点は国立公園外

の一六八〇ｍの場所であり、それ以上引き上げないことは、ＦＩＳを除く関係者間での基本的な合意事項になっていた。

④八方尾根は、独特の地質や野生生物などで知られ、保護を必要とする自然環境を有する特別な地域である。

⑤スタート地点を引き上げた場合には、国立公園（第一種特別地域）内での滑走や新たな施設の整備が避けられないが、それは法的にも問題があり、オリンピックを例外にはできない。

⑥ゴール地点の森林伐採のように、コース整備に関するＦＩＳからの要望については、自然保護の面で妥協をしてきている。スタート地点を上げないことは、環境に配慮した五輪を開催する側として譲ることのできない最後の一線である。

⑦「引き上げには応じない」という姿勢そのものが、「美しく豊かな自然との共存」という長野冬季五輪の大会基本理念の象徴である。

両者の主張には、基本的な立場の違いが強くあらわれています。それもそのはずで、実はこの問題は「特異な自然環境」と、「保護管理の矛盾を抱えた地域事情」と、「冬季五輪の滑降競技」という、相異なる三つの要素が絡まりあった、根の深いとても複雑な問題であったのです。

先に論争の着地点を述べます。議論がかみあう様子の見えないないまま、準備可能ぎりぎりとなった大会の約二ヶ月前に、一六八〇ｍと一八〇〇ｍの間をとるような一七六五ｍ地点への引き上げ

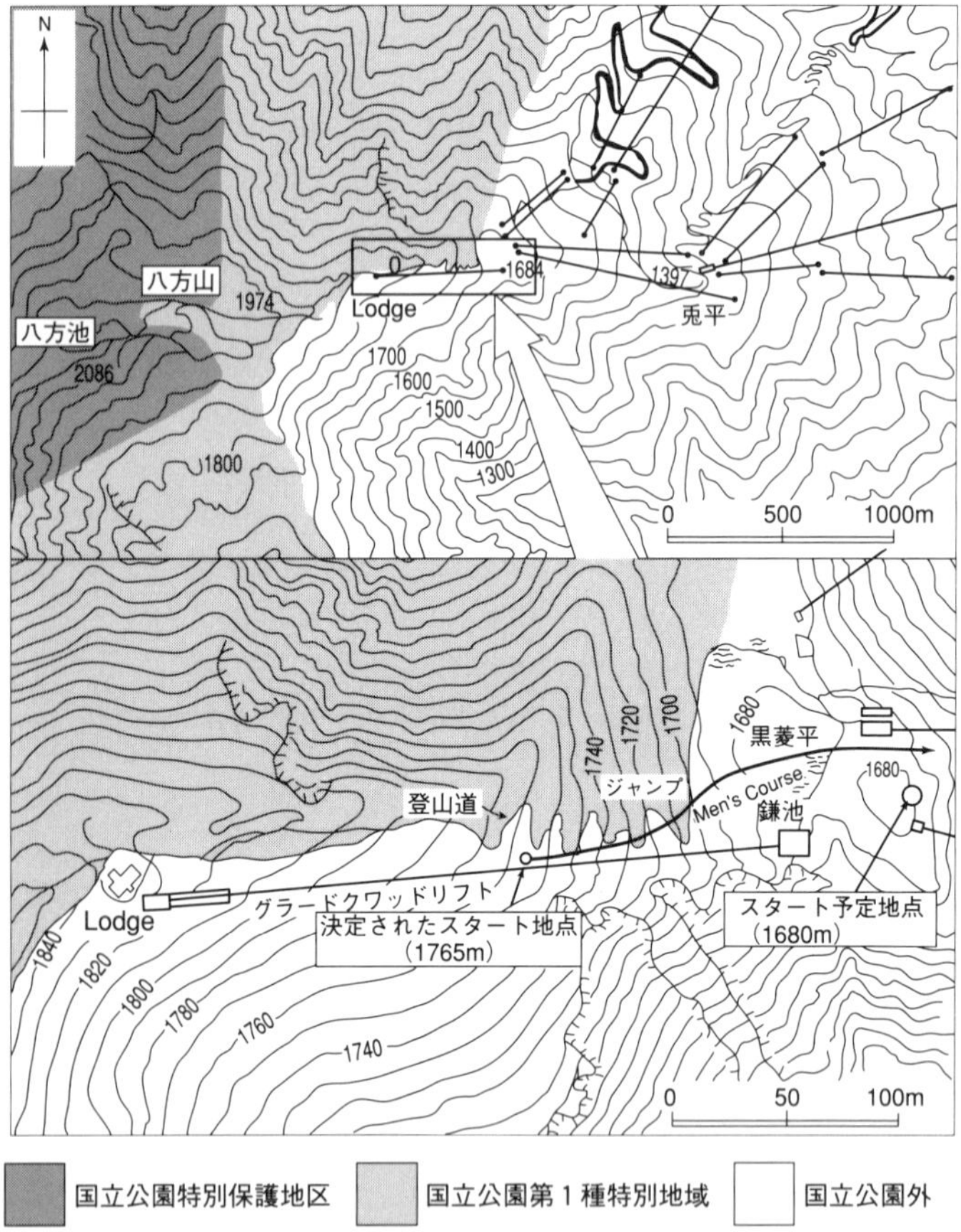

図２　長野冬季五輪の男子滑降競技スタート地点と国立公園境界

が公式に発表されました（**図2参照**）。上げるにあたっては、関係者間の合意事項として、国立公園の一部は小ジャンプで通過し、公園内には工作物を設置せず、雪面硬化剤の使用は禁止するなど、細かな条件がつけられました。しかしこれで本当に問題は決着したのでしょうか。答えはノーです。スタート地点問題は今もまだ解決したわけではありません。

■自然の保護と利用をめぐる矛盾

八方尾根は国内では珍しい蛇紋岩（じゃもんがん）という岩石の分布域です。そのため、地質と植生とのあいだに特異な対応関係が知られています。また、低温、多雪、乾燥等の厳しい環境に適応した様々な生き物の生態が観察される恵まれた条件の地域でもあります。このような特徴から、スタート地点問題の舞台となった場所は、そこよりもさらに上部にあって厳しい利用規制がされている国立公園の特別保護地区と同じくらいか、それと対比ができるような価値をもつ、学術的に大変貴重な場所であることは明らかなのです。しかし、そこは同時に保護と利用に関して大きな矛盾を抱えている場所でもありました。矛盾点は三つに整理できます。

矛盾1　現在、この国立公園内ではスキー場開発ができないことになっているが、すぐ近くにある公園外のリフトを利用して上がってきた一般スキーヤーが自由に斜面を滑り降りるので、結局スキー場でないはずの公園内がゲレンデと化している。

表１　八方尾根スタート地点問題に関わる主な出来事

1931年	・細野山岳スキークラブが黒菱平の下に黒菱小屋を建設
1934年12月	・八方尾根を含めた飛騨山地一帯が中部山岳国立公園に指定される
1958年12月	・白馬観光開発㈱が兎平（標高1400m）までゴンドラリフトを架設
1963年	・白馬観光開発㈱が黒菱平（標高1680m）までアルペンリフトを架設
1964年８月	・尾根北斜面一帯が「八方尾根高山植物帯」として県天然記念物に指定される
	・白馬村が標高1850mに国民宿舎「八方池山荘」を建設
1968年	・自然公園法の利用施設として黒菱平～八方池間の自然研究路を整備（県）
1981年12月	・八方尾根開発㈱が標高1840mまでのリフトを架設（県が届け出を受理）
1984年６月	・八方尾根黒菱平上部が国立公園第１種特別地域に指定される
1990年１月	・オリンピック招致委員会が男女滑降競技会場を岩菅山修正案に決定（自然保護専門委員会では賛否両論あり）
1990年５月	・自然保護のために男女滑降競技会場が岩菅山地域から八方尾根既存コースに変更される（スタート地点は1680m）
1991年６月	・1998年冬季オリンピック開催都市が長野市に決定
1993年夏	・尾根最上部（標高1840mまで）のリフトが増強される（県が届け出を受理）
９月	・国際スキー連盟（FIS）が現地調査し1800mへスタート地点引き上げを要請（以後 FIS の引き上げ要請とそれに対する NAOC の拒否の交渉つづく）
1995～96年	・オリンピック滑降コース整備事業実施（フィニッシュエリアの森林伐採含む）
1997年８月	・IOC 理事会でスタート地点1680m案が基本的に了承される
９月	・FIS がスタート地点1800mを強硬に要求
10月	・長野県自然保護研究所が八方尾根緊急自然環境調査を実施、結果を公表
10月	・第12回自然保護検討会議がスタート地点1680mを決議（再確認）
12月	・NAOC、県、競技団体などがスタート地点1765mで合意
1998年２月	・冬季オリンピック競技大会滑降競技開催（スタート地点1765mで競技実施）
５月	・第１回八方尾根の自然の保護と利用に関する協議会開催（白馬村）
７月	・第２回八方尾根の自然の保護と利用に関する協議会開催（白馬村、現地調査含む）
10月	・八方尾根開発㈱が尾根最上部リフトエリアのスキー場整備と自然保護管理にかかわる雪上車作業基準（内規）を施行
10月	・第３回八方尾根の自然の保護と利用に関する協議会開催（長野市）
秋	・八方尾根保全緊急整備事業実施（県）、地元有志による植生復元作業実施
1999年２月	・第４回八方尾根の自然の保護と利用に関する協議会開催（白馬村、現地調査含む）
３月	・知事と白馬村長に八方尾根の自然の保護と利用に関する協議会が報告書を提出
秋	・八方尾根保全整備事業実施（県）、地元有志による植生復元作業実施
12月	・黒菱平の鎌池湿原周辺が白馬村天然記念物に指定される
2000年１月	・八方尾根自然環境保全協議会が「八方尾根の自然観察」（ガイドブック）発行
秋	・八方尾根保全整備事業実施（県）、地元有志による植生復元作業実施、自然共生型地域づくり事業による鎌池湿原の歩道施設整備実施（白馬村）

＊1931年－1934年、1958年－1964年、1981年－1984年の各時期に、開発の後を追って保護管理がすすむという、保護よりも利用が先行する歴史的な関係がみられる。

矛盾2　曲がりくねった登山道が国立公園の境界になっているため、公園の外での行為が公園内の荒廃に影響している。冬の利用では、雪の下にあるはずの公園の境界線が事実上無視されている。

矛盾3　対象地の一部の国立公園第一種特別地域は、もともと保護が必要な景観核心地域であるが、そのまわりに緩衝地帯や移行帯が設定されておらず、核心地域が無防備の状態にある。

これらの矛盾が生じたのは、自然の生態系の連続性が考慮されないままに国立公園の境界が設定されていることと、これまで自然の利用が保護よりも優先してすすめられてきたことによります。なぜそうなってしまったのかは、この地域の歴史をみると明らかになります。**表1**をご覧ください。まるで開発のあとを追いかけるように八方尾根の保護が進んできたことがわかります。地域の人々による利用の歴史や、既得権益を無視することはできません。しかし、地形や生態系の連続性が十分に考慮されていないために、保護管理上大きな不合理が生じてきたことも事実なのです。

■理念と現実、そして混迷へ

長野冬季五輪は「美しく豊かな自然との共存」を大会の基本理念としました。NAOCの主張の最後の支えはこの理念にあり、もしこの理念がなければ、早い時期に妥協がはかられ、あれほどに問題が紛糾することにはならなかったかもしれません。言い換えれば、スタート地点問題によって、長野五輪は自らが掲げた大会基本理念の深さと高さ、そして環境五輪の意味を厳しく試されたのです。皮肉なことに、NAOCが懸命に自然保護の理念を主張すればするほど、逆に理念と現実とのズレが浮き出てくるという結果になりました。他方、NAOCはもとより、長野大会を準備してきた多くの人が引き上げに反対していたなかで、あの時期に、あそこまで強硬に要請をつきつけたFISの態度には不可解なものがありました。最終局面では、科学的あるいは論理的な議論による解決への期待が消えてゆくとともに、全日本スキー連盟（SAJ）や日本オリンピック委員会（JOC）までがFISの主張に同調し、競技団体がこぞって引き上げを支持するという状況になりました。もはや「いったい誰のためのオリンピックなのか」さえもが見えなくなるような、深い混迷に陥ったのです。

■スタート地点論争が残したもの

さて、長野五輪が終わった後にも八方尾根の保護と利用をめぐって論議は続きました。そのなかで、荒廃していた場所を回復させるための公共事業や、地元住民による保護のためのボランティア活動が始まりました。新たに村の天然記念物に指定されて、これまで以上に保護がはかられるようになった場所もあります。冬の利用では、リフト会社による自主的なスキー利用の規制や管理強化がはかられました。スタート地点問題は、一時は人々の間に鋭い対立を生みましたが、それによって長年蓄積されてきた自然の保護管理の矛盾が明らかにされ、結果的に保護の進展に少なからず貢献したことも確かです。

あの論争は他にも大きなものを残していきました。当時のＦＩＳの主張は、はからずも国立公園における日本の自然保護行政の限界と問題点を厳しく問う形になりました。しかしそれに対する肝心の答えはうやむやになっています。もう一つ忘れてならないのは、対立した主張のそれぞれを支えた二つの基本的な姿勢です。それは「オリンピックなのだから、良いではないか」に対する「オリンピックといえども、例外扱いはできない」というものです。これについても、合意がなかったのはもとより、勝者もなければ敗者もなく、ただあいまいさを残して論争が途切れてしまいました。

長野五輪の前夜に、スタート地点引き上げ論争をきっかけに鮮明に浮かび上がったこれらの問題は、たんに八方尾根という一地域の事件にとどまらない広く深い意味をもっています。それは、二十世紀最後の環境五輪が二十一世紀の私たちに残した大きな宿題といってよいかもしれません。

（富樫　均）

【注・文献】

本項の執筆にあたっては、以下の文献を参考にした。

・長野県自然保護研究所編「長野冬季オリンピック関連事業の自然環境への影響と対応に関する調査研究」『長野県自然保護研究所紀要４、別冊３』所収、二〇〇一年

・富樫均「長野冬季五輪と男子滑降スタート地点問題が残したもの」『第14回森と自然を守る全国集会資料集』所収、

4・スポーツ産業エコロジー最前線——ミズノ㈱の取り組みから——

つくば市立T中学校の野球部に所属している近藤君と鈴木君は、「総合的な学習の時間」で環境問題を勉強することになりました。それぞれの生徒がいろいろな課題を調べて発表するのですが、二人は、「スポーツと環境問題」について調べようと思いました。そして、自分たちがやっている野球で使うバットや、グローブといった野球（スポーツ）用品がどのように環境問題と関わっているかを調べることにしました。野球用品といえば、やっぱり「ミズノ」かなと思って、大胆にも二人は、ミズノの社長に直接インタビューをしようと企てました。そして近藤君は、お父さんに相談して、連絡を取ってもらって何とか時間を作ってもらえました。——という設定で、架空インタビューの形式で展開していきます。

二〇〇三年十月、都内某所において二人は、ミズノ㈱の社長、水野正人さんに会うことができました。二人は緊張して部屋に入ります。

鈴木君が、「今日は、学校の勉強で、スポーツ用品がどのように環境問題と関わっているかを教えてもらおうとやってきました。どうかよろしくお願いします」と、前日に二人で考えたあいさつのメモを読みました。水野さんが「そんな緊張せんでもええがな。リラックス、リラックス」。

こうした会話から始まって、スポーツ産業界がどのように環境問題と関わっているかについて、ミズノの取り組みを例にして、詳しく説明してくださいました。

■「Crew 21」とISO14001

近藤　まず最初に環境保全の取り組みを始めたきっかけについて教えてください。

水野　うちの会社は、スポーツ品の製造販売に携わっているので、まず環境保全を進める世界スポーツ用品工業連盟（WFSGI）メンバーとして、一九九一年に企業としての地球環境保全活動「Crew 21」（Conservation of Resources and Environmental Wave 21）をスタートさせました[1]。そして、「ミズノ地球環境憲章」と「スローガン」を策定し、資源・エネルギーの削減をはじめとする、3R（発生抑制、再使用、再生利用）作戦を実践しはじめました。さらには、スポーツ品のメーカーとして各種製品の企画・開発・製造・物流・宣伝・広報・販売促進・営業企画など、工場からオフィスまで、環境保全の取り組みを進めました。その結果、二〇〇二年には国内にあるすべての事業場でISO14001の認証取得が実現しました。

鈴木　あの、ISO14001って何ですか。初めて聞いたので教えてください。

水野　少し長くなるけど、これからの会社とか組織とかには、このISO14001の取得が常識になるので、詳しく話しましょう。

環境問題に関心があれば、一九九二年ブラジル・リオで開かれた地球環境会議、よく「地球サミット」って言われますが、聞いたことがあるでしょう。この会議には、百八十カ国以上の国家代表が参加して地球環境問題が議論されました。そして、人類の子孫に豊かで明るい地球環境を伝承する願いを込めて、行動計画である「アジェンダ21」が採択されたのです。この「アジェンダ21」を実現するために一九九六年九月に制定されたのが、工業製品の国際規格化を目的とする国際標準化機構（ＩＳＯ）が定めたISO14000s（シリーズ）『環境マネジメントシステム規格』というものです。ISO14001の序文には、この規格は世界中すべての地域のあらゆる種類と規模の組織に適用できるとうたっていますので、会社や組織は、この規程に従った環境マネジメントシステムを構築し、維持すれば国際水準の環境保全活動ができている証拠となるのです。

■ISO14001取得のメリット

近藤　ある本に、環境対策には対策のメリットがないと長続きしないと書いてありましたが、ISO14001を取得するとどんな利益が会社にはあるのですか。

水野　なかなか経営センスがある質問ですな。メリットですか。

ISO14001認証取得によるメリットは、いくつもあげられます。まず、①企業イメージが向上することです。今のご時世、環境問題に配慮していない企業は軽蔑されます。それは「無農薬」とか

「有機野菜」といったプラスのイメージと同じです。②効率的な省資源、省エネルギーにすれば、もちろん経費が削減できます。切り替えのコストは少々高めですが、それでも元がとれます。③環境問題への迅速な対応を行えば、何も対策をとらずに問題が生じた場合と比べて、環境リスクが事前回避できます。④市場におけるライバル企業との競争に対応できます。①と関係しますが、ライバル社がエコ対策に後れをとっていれば、市場シェアの拡大につながります。⑤環境対策を真剣に取り組んでいる姿は、地域住民や地域社会との関係を良好かつ健全に維持するのに役立ちます。他にもメリットはありますが、このくらいにしておきましょう。

■二〇〇二年度の活動内容とその評価

鈴木　ISO14001が何か、そして取得すると大きなメリットが組織や会社にあることもわかりました。では、具体的にはどのような内容が行われているのかを教えてください。

水野　二〇〇二年度には、省エネルギー、省資源、汚染防止、各種イベントの環境保全、低公害車の導入、物流の改善、等々を行いました。一つだけ例をあげると、省資源では、「帳票・伝票」の使用量が大きく削減されて、対目標七六・二%、「コピー用紙」は対目標九四・八%、「段ボール」は対目標九一・四%となり順調に削減が進んでいます。しかし、カタログ・パンフレット等の「印刷物」は、対目標一〇九・六%となり、目標達成ができませんでした。また、環境経営をより効果的に、効率的に推進していくために、一九九九年度より環境会計を導入しています。

次に、環境保全対策に係る効果についてお話ししましょう。

うちの会社では、一九九七度に環境マネジメントシステム導入から着実に省エネルギー・省資源を進めています。二〇〇二年度は、二〇〇一年度に比べて、電力使用量、ガス類、一般廃棄物焼却量、及び産業廃棄物焼却・埋立量は減少しました。特に産業廃棄物焼却・埋立量は国内生産子会社七社が、ゼロエミッション（排出物ゼロ）活動に取組んだことにより、大幅に減少しましたので、環境保全に貢献したと評価しています。また、ガソリン・軽油は若干増加しましたが、これはきめ細かい営業活動で社用車の使用機会が増えたことや、軽油は窒素酸化物の排出が多いため、ディーゼル車をガソリン車に変更したことで燃費効率が悪くなって、軽油は減少しても、それ以上にガソリンが増加してしまいました。

■環境に配慮した商品開発

近藤　ミズノの製品はどのように環境に配慮しているのですか。教えてください。

水野　私は、環境に配慮していると一目でわかるような商品開発を目指しています。そして、開発コンセプトを設定して、幅広い視点から環境への配慮を検討し、様々な商品を開発する義務があると考えています。

(1)再生材料使用型商品開発

再生材料を商品の一部、もしくは全体に使用した商品があります。この方法は、比較的取り組み

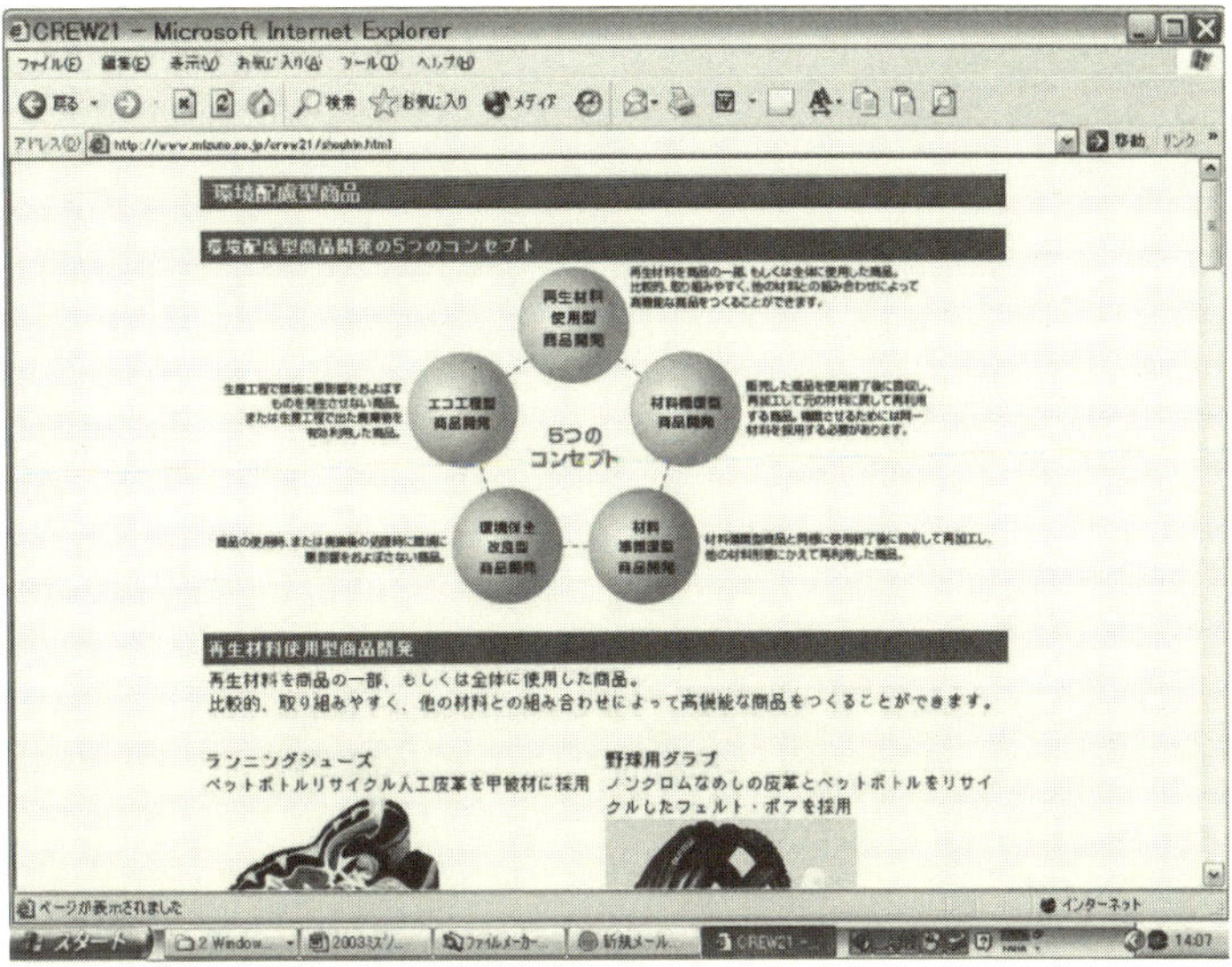

環境に配慮したスポーツ用品の開発についてアピールするホームページ
（ミズノ株式会社のホームページ　http://www.mizuno.co.jp より）

やすく、他の材料との組み合わせによって高機能な商品をつくることができます。具体例としては、①ペットボトルをリサイクルして、それから製造したポリエステル繊維を使った、吸汗・速乾性にすぐれたスクールスポーツウエア、②ベニズワイガニの甲殻から取り出したキチン・キトサンを、独自の方法でレーヨンと融合させ、肌にも環境にもやさしい繊維（クラビオン）を採用した野球ユニフォーム、③ペットボトルを再生した人工皮革使用のシューズ、④ノンクロムなめしの皮革とペットボトルをリサイクルしたフェルト・ボアを採用した野球グラブ、⑤天然シルクをリサイクルした透湿防水素材（プロテインテックス）内蔵のゴルフシューズがあります。わが社の開発した「プロテインテックス」は、平成十一年度資源循環技術・システム表彰において、通商産業省環境立地局長賞を受賞した自慢の素材です。

⑵材料循環型商品開発

これは、例えば販売した商品を使用終了後に回収し、再加工して元の材料に戻して再利用する商品を開発することです。この場合、循環させるためには同一材料を採用する必要があります。例えば、「ナイロン6のリサイクル循環システムを採用した長野五輪オフィシャルスタッフユニフォーム」があります。役員・ボランティアで約一万五千人分に支給されるアウトフィットですが、その生産数量が多いので原材料を特別なものにできるという特徴を生かして生産されました。この製品は、表地、中綿、裏地、ボタン類、ファスナー、縫い糸など、すべての原材料をナイロン6で企画、縫製、仕上げました。他には、ジャケット、ベスト、オーバーオールパンツ、キャップ、グラブなどもあります。それぞれの製品には回収先を示して回収。高熱釜にて溶解して再びナイロン6の繊維に戻すことができます。ナイロン6はすぐれものです。

⑶材料準循環型商品開発

この開発は、材料循環型商品と似ていますが、使用終了後回収して再加工し、他の材料形態にかえて再利用した商品です。具体例としては、「リサイクル材から作ったスポーツウェアのパーツ」があります。

(4)環境保全改良型商品開発

有害物質を含む商品では、使用時や廃棄処理に環境に悪影響をおよぼす場合がありますので、それら有害物質を排除して代替材に変更しています。具体例としては、①塩素を含まない特殊オレフィン樹脂を使用することで、燃焼時にダイオキシンが発生しない環境配慮型テント、②塩ビ素材を他の材料に切り替えた飛び縄（ロープ材にスチレン系エラストマーを採用）、③塩ビ素材を他の材料に切り替えた柔道畳、④発泡剤をフロンから代替剤に変更した野球ベース、⑤塩ビ素材を他の素材に切り替えた「ソフトダンベル」で、この商品は表面カバー素材に塩ビに替えて発砲ラバーを採用しています。

(5)エコ工程型商品開発

他にも、生産工程で環境に悪影響をおよぼすものを発生させない商品、または生産工程で出た廃棄物を有効利用した商品があります。具体例としては、①より精度の高いフィルタリングにより、工程中に使用する研磨潤滑油を再利用する、②工場の作業環境を配慮して、シューズの底と甲被の接着に水系接着剤を使用する、③工程中に出るゴム屑を再利用したゴルフグリップを採用するなどです。

鈴木　これまでスポーツ用品がこんなに環境保全の対策をとっているとは知りませんでした。スポーツウエア、スポーツ用具・用品はもちろん、会社全体で環境保全に貢献しようとしていることがわかりました。

■循環型社会の確立に向けて

近藤　最後に、地球環境をどのように守って次世代につなぐべきかについて教えてください。

水野　宇宙船地球号を守るには、「循環型社会」をみんなで協力してつくっていく必要があると思っています。循環型社会というのは、社会の活動で生まれる廃棄物を再び資源やエネルギー源として循環させることによって、これまでの「廃棄する物」という考えを「廃棄物・分別すればすべて資源」に変えて環境保全を推進する社会のことです。このゼロエミッション、つまり「排出物ゼロ」運動は、どのような廃棄物も細かく分別することによって再利用やリサイクルを可能にし資源にしようとする活動です。

生産工場は素材や使用する物資の正体がわかっているので、廃棄物を適正に分別することが簡単にできるのですが、オフィスや家庭ではごちゃ混ぜの廃棄物になります。いろいろな物を混ぜて廃棄すると後で分別するのは難しくなります。だからこそ、オフィスや家庭でも徹底的に分別されていることが大切です。まさしく「混ぜればゴミ、分ければ資源」です。

当然ですが、すべてのスポーツ品も使用後に分別・回収され、再び資源に生まれ変わるように仕組みをつくらなければなりません。家庭、オフィス、商店、企業から排出されるものをすべて分別して資源化する循環型社会は、二十一世紀社会の歩むべき方向であると思います。

わが社も「より良いスポーツ品とスポーツの振興を通じて社会に貢献する」を経営理念に据えて

います。人々がより豊かで快適な生活を送るために、スポーツは重要な役割を担っています。私たちもより良いスポーツ品の製造・販売という事業を通じて、スポーツの振興と発展のために努力し続けることによって、積極的にこの役割を果たしていく所存です。

近藤　今日は本当に長時間にわたってありがとうございました。地球の環境保全は、私たち一人ひとりの自覚と責任にかかっていることがよくわかりました。みんなが協力しないと実現しないこともわかりました。

（近藤良亨）

［備考］
ミズノ㈱のホームページはhttp://www.mizuno.co.jpを、環境保全対策の詳細についてはhttp://www.mizuno.co.jp/crew21を参照されたい。

5・環境倫理思想からスポーツ界は何を学ぶべきか

当然のことですが、環境問題は地球全体の問題です。世界の国々が歩調を合わせて取り組まないと「宇宙船地球号」は沈没する危機にあります。国際規模の取り決めには各国の調整が必要ですが、その延長線上には、地球上に生存する私たち一人ひとりの日常的な実践が環境問題と関連しています。その意味で、体育・スポーツの世界がこの環境問題とどのような関連を持ち、どのように寄与、貢献するべきかの学習が求められています。環境問題は、これまでの体育授業の狭い枠組みを超え、学際的、総合学習的な課題となる可能性があります。しかしながら、これまでの研究を調べてみると、どちらかといえばアウトドア・スポーツにおける自然環境の問題に偏向しているようです。自然との共存・共生は大切なテーマですが、スポーツと環境問題は自然環境だけに限られません。すこし鳥瞰的に環境問題を眺めてみると、日常の生活環境においても様々なトラブルや軋轢が生じていることに気づきます。この項を通して、まず、スポーツにまつわる環境問題に「気づくこと」が第一の主眼です。さらに、スポーツ環境をこれ以上劣化させないために、環境破壊に加担しないスポーツ参加者の育成について一緒に考えたいと思います。

■環境倫理思想から環境問題を考える

応用倫理学という領域は、一九六〇年代の市民権運動から派生し、一九七〇年代あたりから本格的に現実の倫理問題を探究するようになった学問分野です。大別すれば、応用倫理学には生命倫理と環境倫理という二つの研究対象があります。生命倫理では人間対人間の倫理問題が扱われますが、環境倫理では、対象が環境ですから、主に人間対人間ではない動・植物（非人格）の倫理が問われます。

スポーツと関わる環境問題は、基本的に、人間が自然を自然の復元力以上に疲弊させていることから生まれています。例えば、スポーツ施設や付帯施設（駐車場や道路等も含めて）をつくるための広大な土地開発や、排出ガス、ごみ、汚物といった間接・直接的な環境汚染、未開地への人間の進入による生態系の脅威等々があります。これらは主に郊外の土地開発に伴う自然破壊と関わります。しかし、郊外でなくとも日常の生活圏内においても、スポーツ施設の夜間照明やイベント、大会開催に伴う騒音、交通渋滞、迷惑駐車等々があります。これらの問題がスポーツを愛する人とそうでない人とのトラブルを発生させることになります。人間一人ひとりは、自分の価値観を持っているので、必ずしも誰もがスポーツ愛好者とは限りません。この点を忘れてしまうとトラブルとなるのです。

ではまず、環境問題を考える上での視座として、米国の自然保護の祖と称されるレオポルドの主張を参考にしましょう。一九四九年に出された彼の著作『野性のうたが聞こえる』[1]は自然保護団体のバイブルとなって、米国における環境問題対策へのアピールが始まります。

彼の有名な主張は「土地倫理（land ethics）」という考え方で、環境問題を解決するためには、土地利用を経済からだけみるのではなく、倫理的、美的観点からも考慮すべきと提唱しました。また、野外レクリエーションの文化的価値について、それは、「本来は原始への憧れ、先祖返りなのであって、文明と野性とを対比してみることにこそ価値」[2]があり、「行きすぎた機械化に走るのではまるでぶちこわし」[3]と非難し、「レクリエーションの価値は利用者数の数で決まるものではない。その経験の深さに比例し、日常のわずらわしい生活とのへだたりや対比の程度に応じて、レクリエーションの価値は上下する」[4]と述べます。彼の主張からは、環境問題は経済的価値だけを考慮してはいけないこと、参加人口の増加は環境破壊につながること、野外活動の本来的価値を見直すことが示唆されています。

また、著名な哲学者・倫理学者である加藤尚武は、環境問題を考えるにあたって、次のような原則をあげています[5]。

①地球の生態系という有限空間では、原則として、すべての行為が他者への危害の可能性があるので、倫理的統制の下に置かれる（他者危害の可能性）。
②未来世代の生存条件を保証するという責任が現在の世代にある（世代間倫理）。
③生物種、生態系については、人間が自己の現在の生活を犠牲にしても、保存の完全義務を負う（保存の完全義務）。

他者危害の可能性、世代間倫理、保存の完全義務によって、簡単に言えば、環境問題に関しては、自分は知らないとか自分勝手や自分さえよければと振る舞うことは御法度なのです。

さらに、ハンス・ヨーナスは、環境問題の解決には従来とは異なる責任の概念が必要と提言しています[6]。少し難しい表現ですが、これまでは、個人的責任、相互的責任、同時代的責任という共時的相互性にもとづく責任論でしたが、地球の滅亡まで危惧すると、共同責任、一方的責任、世代間責任という通時的責任論が避けられないといいます。要するに、個人の自由と表裏一体である個人の責任では環境問題に太刀打ちできないことが示唆されます。

以上のレオポルド、加藤、ヨーナスの主張からは、これまでの個人を基本単位とした進歩主義の考え方では環境問題の解決は難しく、やはり共同体や地球という全体をベースとした循環主義の思想に基づいて考えていく必要があることが理解できます。

■スポーツ界がめざすべき方向は?

ここまでの環境倫理思想の考え方から、私たちの体育・スポーツ界は環境問題とどのように向かい合えばよいのでしょうか。

(1)脱「スポーツ参加者中心主義」へ

これまでスポーツを行うことは良いことと言われてきました。そこではスポーツ活動のプラスの側面ばかりが強調され、逆に人々をその活動に強制した側面もあります。しかし、スポーツ科学の知見は、スポーツの功罪を徐々に明らかにし始めていますし、世の中全体が多様な価値観を容認する(価値相対主義的)傾向の中、スポーツ活動は他の活動と比べて絶対に優先とは言えなくなりました。文化的活動としてのスポーツ活動、音楽鑑賞、陶芸活動は価値的に序列化できませんし、スポーツを行わない人々への配慮も必要です。

⑵自然環境破壊に加担する施設の不使用、建設の反対

スポーツ参加者としても積極的に環境改善に寄与すべきです。例えば、過度の農薬散布をするゴルフ場は利用しないことです。ゴルフ関係者のなかにはゴルフ場への散布よりも高原野菜農家の農薬散布の方が量的に多いと、あたかもゴルフ場の農薬減少策を評価する人もいます。しかし、農家もゴルフ場も共に自然の再生能力を弱める化学処理剤は使用すべきではなく、相手の方が大量に使用しているといった偏狭な見方自体が問題視されなければなりません。特に社会権より生活・生存権に基づく主張が優先されるのは当然です。そこには、例えば、村おこしという生存権レベルの問題もからみます。つまり施設建設に伴う雇用者の問題です。その際には、環境思想にある「スチュワードシップ」、つまり自然をできる限りそのまま利用するという考え方が参考になりますし、スポーツ施設の建設に際しても、地域住民と建設業者だけの話し合いではなく、植物学者、地質学者、環境学者といった多方面の専門家による参画と、現在ならばコンピュータ・グラフィックスによる複数のモデル案を検討すべきです。それには、一九七六年に冬季オリンピックの開催が決定していたデンバー市がオリンピックを返上した前例が参考になります。

返上にあたっては、コロラド州に国立公園があることや、アメリカ全体の自然主義運動が盛んな時期であったという影響もありましたが、問題はオリンピック招致のためにビーバークリーク地区を非常に急いで開発しなければならなかったことが理由です。デンバー市では、地元の人たちがオリンピックのようなお祭り騒ぎをすれば自然は必ず壊れる、と考えていたようです。一度開発した

ら後戻りできないので、十分時間をかけて開発の是非や開発の方法を十分に審議して決定していくという考え方は、見識が深いし、卓見ではないでしょうか。

⑶スポーツ用品のリサイクル化

ここ数年の間に、ゴミ問題への対応は市民社会にも求められています。可燃物、不燃物、資源ゴミ、粗大ゴミといった分別は日常生活では常識です。こうした状況の中、例えば使い古した金属バットは不燃物か資源か、使用済みの硬式テニスボールは可燃物か不燃物かはまったく不明です。こ

州民、自然保護を選ぶ

デンバー五輪拒否

IOC、13日に対策会議

米国コロラド州とデンバーの住民は住民投票で「一九七六年冬季オリンピックに州および市予算を支出すべきでない」と多数で可決、このためデンバー組織委は大会を返上せざるを得なくなり、IOC（国際オリンピック委）は十三日ローザンヌで緊急理事会を開き、代替地探しで事態の収拾を図ることになったが、世界各地から「それでは当方で」の声があがっている。＝一部地区既報

デンバー・オリンピックは一九七〇年五月の正式決定以来、環境保全、さらに「オリンピックより住民福祉」の声にゆさぶられ、組織委は会場をデンバーから二百キロ、三百キロと分散させたが、ついに住民の納得を得られなかった。

反対派のバンザイとは対照的に、クリフォード・バック米国オリンピック委員長は「コロラド州の人たちが冬季オリンピック開催に大いなる特権も名誉も感じなかったのは州の悲劇、国民の悲劇」と苦り切り、ラブ州知事、マクニコルズ市長は「これでデンバー大会は開催できなくなった」と実質的な返上声明。

しかしIOCはこの事態を予期して準備を進めていた（竹田恒徳IOC委員）ようで、IOCスポークスマンは「代替地には事欠かない」と強気の態度を表明した。ただ準備期間がさし迫っているので、規模、財政とも縮小した形で行なわれるだろうとしている。

同スポークスマンのいう代替地候補一番手はなんと同じアメリカのニューヨーク州レーク・プラシッド。ピーコック同市市長は八日「デンバーの拒否」を知った直後「一九七六年はアメリカの独立二百年記念。他の国に渡す手はない。当市はちゅうちょなく立候補する」と声明した。同市は一九三二年第三回冬季大会開催地。連邦補助千五百五十万ドルに見合う市の財政負担をまかなえるとしているが「それならこちらも反対運動」の雲行きもあるという。

このほかカナダ・バンクーバー市のキャンベル市長も同日「政府援助の約束もとりつけ、環境保護も問題ない」と立候補を表明、インスブルック（第九回大会開催地）グルノーブル（第十回開催地）も誘致の意思を示し、ガルミッシュパルテンキルヘン（第四回開催地）も開催可能としている。（UPI、AFP）

オリンピック開催反対派の優勢を伝えるテレビ速報を見ながら喜ぶ「コロラドの未来のための市民連合」（AP＝共同）

五輪旗どこへ

札幌複雑

「デンバーの拒否」はこの二月冬季大会をやったばかりの札幌をおどろかせている。「国民性の違いでしょうか。サッポロは当市が国際都市へ躍進するという二つの目的意識でやれたのですが……」と板垣市長。「オリンピックの遺産は大きなプラスです。それにしても札幌市が保管している五輪旗の引継ぎ手が決まらないことには……」と商工会議所・広田和夫事務局長。「せっかく旭川にデンバーそっくりのジャンプ台ができるのに」と金メダルねらい打ち作戦がフイになったスキー関係者。

しかし恵庭岳伐採反対などの住民運動を展開した札幌周辺自然保護化懇談会の市川正良事務局長は「コロラド州民の勇気に敬意を表したい。恵庭のキズをなおすには百年かかる」と"デンバーの勝利"に興奮の面持ちだった。

デンバー市が1976年冬季五輪を返上したことを報じる新聞記事（毎日新聞、1972年11月９日朝刊　AP/WWP）

れは他のスポーツ用品も同じではありませんか。現在流通しているスポーツ用品には、使用しなくなった場合にどのような種類のゴミなのかをメーカー側が消費者によくわかるようにしてほしいと考えます。と同時に、スポーツ産業界にも環境に配慮した製品開発、つまりリサイクル可能な製品開発が望まれます。この点については、第2章－4を参照してください。

消費者の希望も満たし、自然にも配慮した製品開発が、スポーツ産業界の社会的責任ではないでしょうか。その際、消費者の希望と自然への配慮が両立しなければ、迷うことなく自然への配慮を優先すべきです。理由は簡単です。生きることが優先で、生きられなければスポーツはできないからです。

(4)環境会計の公表

環境会計とは、環境対策の経費によって、環境への貢献度を、金額として算定するものだそうです。最近では多くの企業は、この環境会計を公表し始めています。評価方法に問題がないわけではありませんが、企業が目指す方向は賛成です。

少し前ですが、「環境会計」に関する新聞記事が初めて登場しました。

国内初の「環境会計」(朝日新聞一九九九年五月二十六日)

富士通は二十五日、環境保全のためにかけた費用と効果を金額で示した「環境会計」を発表した。費用は百四十七億円、効果は百八十二億円で、差し引き三十五億円の黒字だった。環境会計は欧米企業ではすでに発表しているが、日本企業では初めてという。

企業としては、グリーン化には経済的メリットがあることが重要です。ですから、企業が目先の利益に気をとられていると、将来大きなつけとなってデメリットを生み出すことを証明しなければなりません。具体的な環境対策（エコ対策）としては、エネルギー消費量、原材料の投入、廃棄物処理費用、保険料、事故率、法廷闘争資金などの軽減です。

スポーツの世界でもエネルギー消費量を減らす試みがでてきています。例えば、「米国イリノイ州の高校が屋内競技場に新しい照明装置を設置、結果、照度が高まる、六八％の経費節減、二年間で新しい装置の経費は回収される」、「カナダにある三千六百のアイスホッケー、カーリング場が五種類の最新技術（照明、暖房、全体のデザイン以外に）を導入すれば、毎年千七百二十万加ドルの経費の節減と、莫大な量の電力消費が抑えられる」、「リレハンメル大会のスピードスケートが行われたハーマル競技場では、製氷機の余熱を利用した熱リサイクルのおかげで、年間二五〇万キロワットの電力消費を抑え、十八万米ドルを浮かすことができる」などがあります[7]。

(5)スポーツ教養を身につけよう

スポーツを享受するためには、他の動植物への配慮を含めた、他者への配慮が必要であることが理解できます。スポーツは、現在行われている社会実践よりもよりよい実践を教育段階で行うべきですし、従来の「他者を無視したスポーツ活動」によって他者に危害や迷惑をかけると、スポーツ活動が制限、禁止される時代を迎えることになります。スポーツにおける持続可能性（sustainability in sport）を着実に実現していかなければなりません。

スポーツは金を支払えば誰でもできるとなれば、おそらく自然環境にも身近な日常の生活環境にもトラブルのおこることは回避できません。私たち体育・スポーツ関係者は、よりよいスポーツ文化を後世に残していくためにもスポーツ教育が不可欠ですし、それ以上に、スポーツ参加者の誰もが他者への配慮を欠かさずに「道徳的に考え、道徳的に感じ、道徳的に行動できる（moral thinking, moral feeling and moral acting）」人間を育てていくことが必要だと思います。これがスポーツ教養の大切な部分です。

（近藤良亨）

【注・文献】

1)レオポルド著、新島義昭訳『野性のうたが聞こえる』講談社、一九九七年
2)前掲書1)、二八一頁
3)前掲書1)、二八一頁
4)前掲書1)、三〇〇頁
5)加藤尚武『二十一世紀のエチカ―応用倫理学のすすめ―』未来社、一九九三年、一〇五頁
6)森田啓「スポーツ世界への環境倫理思想の適用可能性に関する研究―ハンス・ヨーナスを中心にして―」『体育思想研究、第3号』所収、一九九八年、五三～六八頁
7)チェルナシェンコ著、小椋博・松村和則編訳『オリンピックは変わるか』道和書院、一九九九年、一〇〇～一〇一頁

【備考】

○スポーツと環境関連のサイトとして、次のものが参考になる。
・日本オリンピック委員会（JOC）のサイト（http://www.joc.or.jp/eco/index.html）
・NPOグローバルスポーツアライアンス（Global Sports Alliance）http://www.gsa.or.jp/
○「環境に優しい国体」よさこい高知国体環境プロジェクト（http://www.pref.kochi.jp/~kokutai/）では、四つの基本方針、①資源・エネルギー消費の抑制と循環、②「高知らしさ」を発信する、③パートナーシップを育む、④自然との共生を図ることが掲げられ、具体的には、四つの事業（A：バイオ資料（ゴミ）袋の配布、B：段ボール製の組立式ゴミ箱の設置、C：バイオトイレの仮設等（開・閉会式会場のみ）、D：排気ガス除去装置の装着等）が展開された。

第3章

スポーツにからみつくジェンダー問題

1．体育教師は「男の仕事」か――女性の進出を阻むジェンダー意識――

■少ない女性体育教員

みなさんが学んだ中学校・高等学校の体育の先生を思い浮かべてほしい。中規模以上の学校では七～八名の体育教師[1)]が配置されているのが一般的ですが、女性教師はたいてい各校一名しか思い出せないでしょう。女性の先生がいないことも少なくありません。

歴史的に見ると、スポーツは男性文化として発展してきましたが、女性参加は今や当たり前の状況で、種目や年代によっては女性比率が男性を上回っている場合もあります。サッカーをはじめとしてウェイトリフティングやレスリングなど、長い間男性用と考えられてきた種目への女性進出も目覚ましいものがあります。女性の能力も開発途上で、マラソンなどでは男性の記録に迫るほどの勢いで急成長を遂げています。このような女性進出に伴って、体育やスポーツを学びたいと考える女性が増加するのは当然の成り行きでしょう。全国の体育系大学や学部に入学する学生の男女比[2)]をみてみると、一九七〇年には約三対一であった男性対女性の比率が、一九九九年には約三対二にまで変化しています。これらの学生がすべて体育教師やスポーツ指導者を志望する訳はありませんが、子どもたちのスポーツ活動に安定して関わることのできる職場として体育教師は女子学生にも男子学生にも人気が高いのです。

ところが、**図3**に示したように女性の体育教師比率は非常に低いままなのです。女性の社会進出と共に女性教師の割合が増加しているにもかかわらず、保健体育教師に限ってみると、女性割合は過去二十年間にわたってほとんど変化がみられません。二〇〇一年の一・七％という割合は、六十人程の教師が配置されている高等学校で一名の女性体育教師がいるという計算になります。

この原因について、兵庫県の各学校別の体育教師数[3]から探ってみたところ、全日制普

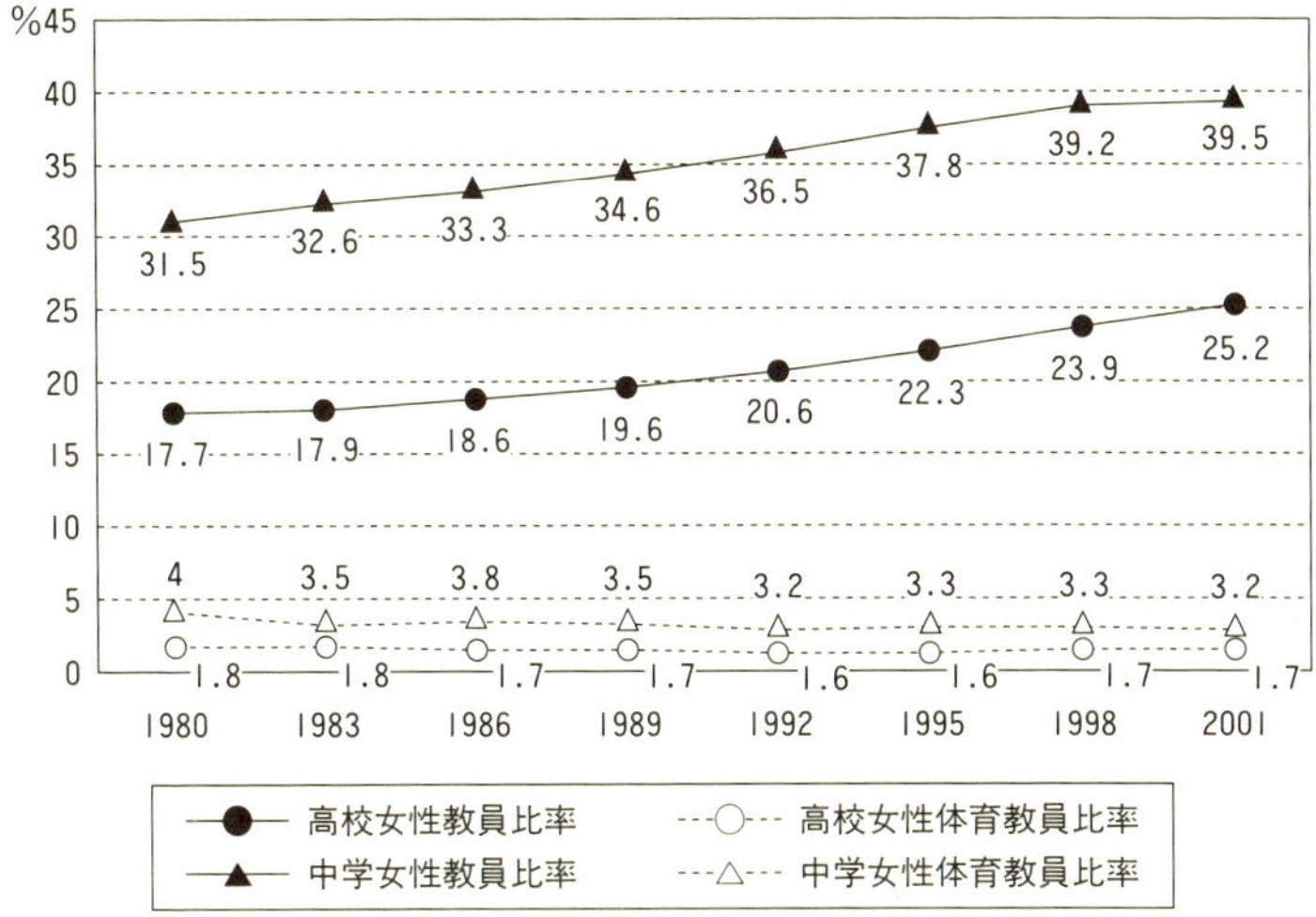

図3　中・高等学校における女性教員の割合
文部科学省（1980-2001）「学校教員統計調査報告書」より作成、井谷（2003）

表2　兵庫県における中・高等学校保健体育教員採用試験の実態
ー男女別受験者と競争倍率ー

		受験者数		合格者数		競争倍率	
		男子	女子	男子	女子	男子	女子
中学校	H12年度採用	59	87	4	4	14.8	21.8
	H13年度採用	68	76	6	3	11.3	25.3
	H14年度採用	89	104	10	4	8.9	26.0
	H15年度採用	83	107	9	2	9.2	53.5
高等学校	H12年度採用	205	86	10	2	20.5	43.0
	H13年度採用	222	106	14	1	15.9	106.0
	H14年度採用	227	86	10	1	22.7	86.0
	H15年度採用	247	97	7	1	35.3	97.0

通科のうち、四分の一の学校に女性体育教師が配置されず、四分の三弱は一名、二名配置はわずか二%でした。つまり、女性体育教師はどんな規模の学校であっても各校一名、場合によっては〇名でもよしとする慣行が長年続いていることが読み取れるのです。他の教科であれば、性を問わず転任が行われるのに、体育では男性教師の後には男性、女性には女性という暗黙の転任規則があるようなのです。これでは、女性体育教師志望者が増加しても、女性の退職者がいなければ新たな採用はされないことになります。

■不透明な教員採用

このような慣行を裏付けるために、兵庫県教育委員会における教員採用の実態を調査してみました。その結果、合格率に驚くほどの男女差があり、採用試験の評価基準が公開されないなど、その公正さが疑われる結果になりました。**表2**に示した過去四年間の中学校・高等学校保健体育教員の採用試験競争倍率をみると、女性の競争倍率は男性の数倍に達していることがわかります。採用試験における男女平等は当然のこととして、男女別の集計は公表もされず、ここに示した数値は情報公開制度を利用してようやく入手できたデータです。同制度を利用して教員採用試験の評価基準の公開を求めましたが、次のような理由で公開されませんでした。「採用試験において、評定基準を明らかにすることは、正確な事実の把握を困難にする恐れがある。さらに、人事管理における採用・配置に係る事務に関し、今後の公正かつ円滑な人事の確保に支障を及ぼすおそれがある」ので非公開という通知なのです。「正確な事実の把握」「公正かつ円滑な人事の確保」とは具体的に何なのでしょうか。このような抽象的な表現のみで情報公開を拒否する姿勢は、この制度の趣旨を妨げる「形だけの情報公開制度」であり、教員採用の内実が公開できないほど不透明であることを憶測させるばかりです。

さらに資料を追加しながら、男女不平等な体育教員採用の実態に迫ってみましょう。高等学校では、正式に採用された専任の教師のほかに、常勤講師、非常勤講師が教鞭をとっています。調査した兵庫県では、専任の保健体育教師の男女の割合は、それぞれ八六・一％、一三・九％であるのに対し、講師（常勤・非常勤）の男女の割合は、それぞれ六六・七％、三三・三％であり、身分の不安定な講師では女性の割合が高くなっています[4]。労働環境として男女平等が高く達成されているはずの学校において、女性体育教師については専任の割合が低く、非常勤講師の割合が高いのです。このことは、女性の体育教師が二流で半人前の地位しか与えられず、必要に応じて伸縮することのできる労働力としてとらえられていることを示しています。

もう一度冒頭の質問にもどりましょう。思い浮かんだ女性の先生に何を教えてもらったか、記憶をたどってみて下さい。同県の女性体育教師の担当する授業の内容を調査したところ、女性教師の役割としてダンス指導が重く課せられていることがわかりました。女性体育教師が専門とする運動・スポーツ種目は多様です。体育教師を養成する大学の女子学生の状況を考えても容易に理解できます。にもかかわらず、各校一名しかいない女性には当然のようにしてダンス指導が割り振られているのです。武道だって当然のように男性が担当しているではないかという反論があるでしょう。これについては、数多い男性教師のなかに専門家のいることが一般的で、かりに専門家がいなくても複数配置されている男性教師間で柔軟に対応できる仕組みになっています。体育の学習領域の一つとして定められたダンスを指導するための女性体育教師は必要であるが、それ以外は男性教師で対応できるという「男の仕事」としての体育教師が見えてきます。

■男女共同参画社会が素通りする体育社会

学校体育では、一九八九年の学習指導要領改訂を機に、単位数やカリキュラム上の男女差が撤廃されました。それまで、女子は家庭科、男子は技術や体育という男女で異なる教育課程が設定され、体育の学習内容においても、ダンスは「主として女子」、武道には「主として男子」を対象に取り扱う規定となっていました。女子が家庭、男子が体育という学習指導要領上のしばりは、女は家庭で家族のケア役割を、男はたくましく外で働くという「ジェンダー役割」を学校教育において助長するものと考えられ、男女別の記述は一切なくなったのです。ジェンダーというのは、「自然的・生物学的性差」を表すセックスに対して、「社会的・文化的性差」を表現する言葉です。つまり、「男らしさ・女らしさ」は生まれつきで自然なのではなく、家庭や学校の教育、メディアなど様々な社会的要因によってつくられ変化しているということを意味します。

こうした変化は、一九七九年の国連総会において女性差別撤廃条約が採択され、わが国では一九八五年にこの条約を批准したことが源泉となっています。同じ一九八五年には男女雇用機会均等法が成立し、その後、総理府男女共同参画室の設置、世界女性会議「北京宣言」の発表、男女共同参画基本法の成立など、国内外を問わず男女平等の流れは強まるばかりです。にもかかわらず、体育・スポーツの世界では体育教師の採用をはじめとして、男女平等の流れにそぐわない現状が少なからず見出されるのです。体育実践では、依然として男女別カリキュラムが存続し、男子には武道、女子にはダンスといった選択の余地のない男女別コースが設定されている学校も多くみられます。教科書の写真や記述にジェンダーの偏りがあるという指摘もあります。また、スポーツ指導者に関しても、スポーツ組織の役員やコーチは圧倒的に男性が多いのです[5)]。

学校体育は生涯スポーツの基礎的なステージとして、学習者を動機づけ、自立的な実践者を育てることを主要なねらいとしています。中学校・高等学校に導入されている選択制は、個に応じた種目や運動領域を選び、自立的な学習の場として、ますます拡大発展しています。教師からの一方的指導によって、体を鍛え、技を磨くという伝統的な体育プログラムは、もはや体育の理念にはそぐわなくなっていると言えましょう。体育教師の専門性は学習者を圧倒する体力と技術でスポーツや運動の技を教え込むという役割から、学習者の意欲を引き出し主体的な学習の場を組織する役割へと変化しているのです。もちろん、運動の基礎・基本を学ぶことや社会的な側面など、全人的な発達を促すことは当然の教育内容ですが、力や威圧感で学習者に勝ることとは別物です。このような体育授業の目的を考えると、体育教師が「男でなければならない」理由はもはや見出せません。

むしろ、体育教師の不均衡な男女構成は、体育・スポーツが、男が主で女が従という「男中心の文化」であることや「力で勝る」ことが不可欠な世界であることを学習者に暗示してしまいます。また、男女平等が推進される社会にあるにもかかわらず、指導者として女性は男性に劣る存在であるというメッセージさえ伝えてしまうのです。このことは、体力や技能の低い学習者の参加意欲を萎えさせ、ことに女性のスポーツ参加熱を冷ましてしまうことにつながります。

■「男社会」へのこだわり

社会の流れに抵抗するような男女不平等な教師採用の実態について、体育・スポーツ関係者が黙認し、学生を送り出す大学でさえ何の異議も唱えなかったのはなぜなのでしょうか。なぜこれほど、「体育教師は男性であること」にこだわるのでしょうか。ここでは、雇用機会均等法が施行されて久しい現在であってもなお、実質的な男性教師枠、女性教師枠を設定し続ける理由は何なのかを考えてみましょう。

体育の主たる学習内容であるスポーツは男性文化として発展し、長らく女性の参入を阻んできた領域であることが知られています。スポーツ文化は社会的につくられた「ジェンダー」を生得的、生物学的な「自然の性差」ととらえ、女性が男性に比べて劣っているという男・女の序列を浸透させてきたということができます。スポーツの多くは攻撃、競争、たくましさ、雄々しさといった男性的価値によって構成されていて、そこに女性が無条件に参加することによってさらにジェンダーの序列を強化していると言えましょう。つまり、女性が参加することによって、はからずも女性が男性に劣る二流の競技者であることを伝えてしまうのです。ただし、ここで述べたいことは、男も女も同じで差がないということではありません。スポーツには、一般的に男性が筋力で女性に勝るという男女の違いを強烈に植え付け、「男が優れている」ことを誇示するような働きがあるという意味です。

この感覚は学校体育にも強く反映されています。例えば、体育授業の中で男性教諭が女子生徒に対して「甘い」指導を行うという指摘があります[6]。女子生徒が「甘やかされる」という現象は、社会人として能力を発揮し、スポーツを主体的に楽しむことのできる力を養うという課題から、女子生徒を免除、あるいは排除することです。体育授業での目標設定が男子に比べて数段低いことは、女子の体育が男子の真似事であり、「お遊び」程度のものとしてとらえられていることを示しています。

女子生徒に対する期待が低く見積もられる一方で、男子生徒にはより厳しさやたくましさを求めるという現象も確認できます。伝統的に行われてきた組体操や棒倒し、長距離走など、男子生徒に無条件に「厳しさ」を求め「がんばり抜くこと」を教え込もうとする傾向が見られるのです。つまり、体育では男子生徒に克己やたくましさなど「男らしさ」を身につけさせるという隠れたカリキュラムが働いていると言えるでしょう。体育は、女子生徒を体育・スポーツから冷めさせる一方で、男子生徒には「男らしさづくり」プログラムを機能させるというジェンダーを再生産する役割を果たしているのです。このような潜在的なミッションを持った体育教師という職場は、男性同士のつながりを基盤とした「男の職場」であり、女性教師はダンスを指導するために点在する周辺的な存在として認識されていることが読み取れます。

■ジェンダー役割を前提とした部活指導

体育教師の日常は多忙です。教科指導活動と生徒指導や担任などの校務分掌はどの教師にも割り振られる業務ですが、多くの体育関連行事の運営や体育施設の管理に関わることが多く、何より部活指導が長時間勤務を強いる結果になっています。遅くまで部活動を指導するだけでなく、練習や試合のためには休日出勤も当たり前という日常生活です。それは、体育教師が部活指導に対して強い役割意識とアイデンティティを見出しているからに他なりません。一般に、職場における女性排除の論理として、「女性は超過勤務や休日の勤務を嫌がる」ことが職業人として半人前であるということが示されます。しかし、強い使命感や自己犠牲に基づくとはいえ、男性の長時間労働は、

「男は外、女は内」というジェンダー役割に支えられていることに気付く必要があります。体育教師の長時間労働も女性が負担してきたジェンダー役割によって可能となっており、一方では家事や育児などのジェンダー役割ゆえに、十分な時間を割くことのできない女性を排除するという事態が起こっているのです。

体育教師の役割意識に基づいているとはいえ、過剰な勤務に拍車をかけているのが、地域のスポーツ活動を支える仕事です。中学生・高校生の出場する試合は、教育委員会の所轄する大会に限らず、様々なスポーツ組織による大会やイベントに拡がっています。小学生から一般社会人まで含む地域の大会やその組織自体の運営を担っているのは、多くの場合、体育教師なのです。近年では、国体などハイレベルの競技スポーツだけでなく、市民マラソンなど生涯スポーツに関わるイベントも増加しており、教師、部員ともども運営に動員されている実態があります。体育教師は、勤務校での教科指導や部活指導などとともに、地方のスポーツ振興役割を下支えするという二重役割を担っているのです。このため体育教師の一部は体育協会の支部役員や地方のスポーツ行政担当へと横スベリするなど、体育教師と地方のスポーツ行政は密接に連携しています。このことは体育教師の採用基準が学校での教師役割にあるのではなく、地域のスポーツ行政を下支えできる人材としての判断が優先されている可能性が推測できます。

以上のように、体育教師の男女不均衡や採用試験における女性差別は、ジェンダーの序列を当然と考え、スポーツを男の文化としてとらえる体育・スポーツ界のジェンダー意識がそのまま反映されていると読みとることができるでしょう。

（井谷惠子）

［注・文献］

1)教科名は「保健体育」なので、正しくは「保健体育教師」だが、ここでは一般的な呼称として「体育教師」とした。
2)井谷惠子・來田享子・田原淳子編著『目でみる女性スポーツ白書』大修館書店、二〇〇一年
3)兵庫県の保健体育教員名簿から作成。
4)兵庫県の保健体育教員名簿より分析。
5)体育・スポーツにおける女性の状況については前掲の『目でみる女性スポーツ白書』に詳しい。
6)筆者が二〇〇二～二〇〇三年にかけて体育教師に対して行ったインタビュー調査による。

［備考］

本項のテーマをさらに深めるには、以下の文献を参照されたい。

・飯田貴子「保健体育の教科書にみるジェンダー」『帝塚山学院短期大学研究年報』所収、一九九六年
・アン・ホール、飯田貴子・吉川康夫監訳『フェミニズム・スポーツ・身体』世界思想社、二〇〇一年
・井谷惠子「女性体育教師への面接調査からみた学校体育のジェンダー・サブカルチャー」『スポーツとジェンダー研究』所収、二〇〇三年
・井谷惠子・來田享子・田原淳子編著『目でみる女性スポーツ白書』大修館書店、二〇〇一年
・伊藤公雄・牟田和江編『ジェンダーで学ぶ社会学』世界思想社、一九九八年

2・オーガスタは大混乱――ゴルフクラブと女性差別を考える――

■マスターズを混乱させた「オーガスタ女性会員問題」

ゴルフの世界的なトーナメントの一つに、マスターズがあります。二〇〇三年、タイガー・ウッズが史上初の大会三連覇を果すかどうかといった競技への純粋な関心とは違うところで、この大会は世間の話題となりました。

マスターズは、米国ジョージア州にあるオーガスタ・ナショナル・ゴルフクラブ（以下では、オーガスタ・クラブと略します）で開催されています。このクラブは、現在、女性会員を一人も認めていません。そのため、女性差別の撤廃を訴える団体が「オーガスタ・クラブは女性を差別している」として抗議を行ったのです。問題は、ここに端を発します。

本項ではこの問題を「オーガスタ女性会員問題」と呼ぶことにして、二〇〇二年六月頃から二〇〇三年四月のトーナメント開催までの一連の出来事を報じた新聞記事を参考にしながら、性や人種など、ある特定のカテゴリーに属する人々がスポーツから排除されることについて、考えてみたいと思います。

■ゴルファーが羨望するクラブ「オーガスタ」

オーガスタ・クラブは、世界のゴルフ愛好家のあこがれの地です。クラブは、一九三〇年に競技界からの引退を表明した伝説的プレーヤー、ボビー・ジョーンズ（Robert (Bob) Tyre Jones, Jr., 1902-1971）によって創設され、一九三三年一月に正式オープンしています。

マスターズの開催地であることのほかにも、人々がこのクラブにとても特別なイメージを持つ理由があります。自らもゴルフプレーヤーであったスティーブ・ユーバンクスは、その著作の中で、オーガスタのコースの美しさを称えながら、「落ち着き」「威厳」「保守的」「厳格」「秘密主義」といった言葉に、このクラブを象徴させています[1]。

オーガスタ・クラブが設立された一九三〇年代、アメリカはまだ、人種隔離を合法とする時代にありました。ゴルフは白人男性だけのものであり、「ゴルファーは白、キャディーは黒」といった言い回しが、当たり前に通用したといいます。メンバーやトーナメント出場者の人種について、疑問を投げかける人すら存在しませんでした。本当の意味での人種問題が存在しないのではなく、人種問題そのものを問題とする社会的背景がまったく整っていなかったのです。

全米プロゴルフ協会（以下ではPGAと略します）が「メンバーは南北アメリカ在住の十八歳以上の白色人種のプロゴルファーであること」という条文を規約に追加したのは、一九四三年。いまからわずか六十年前のことです[2]。PGAがこの条文の撤廃を決定したのは一九六三年になってからのことでした[3]。

みなさんの知っているゴルフ界は、タイガー・ウッズの登場もあって、一見そのような問題があったことはわかりにくいかもしれません。けれども、ここで紹介したように、ゴルフというスポーツは、長い間、人種差別にかかわる問題を抱え込んできました。

■「オーガスタ女性会員問題」はどのように報じられたか

では、この項の本題であるゴルフと女性差別について、一連の報道を材料に考えてみましょう。インターネット上で利用することができる新聞・雑誌記事のデータベースから、全国紙・スポーツ紙に報じられた「オーガスタ女性会員問題」を調べてみました。二〇〇二年八月から二〇〇三年八月までの一年間について媒体別にみると、共同通信三十件、毎日新聞十三件、朝日新聞十件、産経新聞三件、読売新聞三件、スポーツ報知二件、日刊スポーツ二件の記事が報じられていました。

問題を報じた時期・件数、さらに記事の内容から、スポーツ紙では問題があまり大きく扱われていないことがわかりました。スポーツ紙は、問題の全体像や賛否いずれかの核心に触れる内容の報道を一般紙にゆずり、ゴルフにおける性差別という社会問題を関心外、あるいはスポーツ紙の報道の範疇ではないとみなしているようです。スポーツ紙が性差別に関して大きく扱わないことは、現在、スポーツ紙そのものが報じる写真や性的描写をまじえた読み物が性差別表現であるとして、社

重い扉開くか

米名門ゴルフクラブ

「"女人禁制"は差別」

女性団体が抗議

球聖ボビー・ジョーンズが創設し、男子ゴルフのメジャーの中でもとりわけ人気の高いマスターズ・トーナメント。会場になっている米ジョージア州のオーガスタ・ナショナルGCに新しい時代の波が訪れるかもしれない。"女人禁制"のクラブ運営を見直す兆しが見え始めているのだ。

29日付の米ニューヨーク・タイムズ紙は、女性会員を認めないクラブ運営を「女性差別」と批判する女性団体の抗議行動に対し、「クラブ側が妥協案を見いだそうとしている」と指摘している。

同紙によると、何人かの会員は来年のマスターズの前後に1人か2人の女性会員を認めてもいいと述べている。

「運営見直しの兆しも」米紙報道

全米女性評議会（NCWO）に代表される女性団体の、最近の抗議行動は活発だ。マスターズの大会スポンサー企業だけでなく、マスターズのテレビ放映権を持つネットワーク局のCBSも「女性差別」反対キャンペーンの標的になった。

CBSは来年も大会を予定通り中継する方針を明らかにしたが、CMなしの放映となる見通しだ。

もっとも、公的な団体ではない、私的クラブの運営方法に対する女性差別撤廃団体の批判を「不快」と認識する会員が多いのも事実である。クラブのウィリアム・ジョンソン会長は、同紙の度重なる取材を断っており、クラブ側の公式な見解はまだ聞こえてこない。【共同】

オーガスタ・ナショナル・ゴルフクラブ女性会員問題を報じる新聞記事
(毎日新聞、2002年10月 3 日夕刊、共同通信社配信)

会的に問題となっていることともかかわりがあるかもしれません。

では、一般紙では「オーガスタ女性会員問題」は、どのように報じられたのでしょうか。

日本でのこの問題の報道は、二〇〇二年八月三十一日付けの共同通信による記事が最初です。そこには、オーガスタ・クラブが女性差別撤廃を訴える団体から激しい抗議を受けているとともに、マスターズのスポンサー企業も批判の的になっていること、その影響で、トーナメントはテレビCMなしの中継になると報じられています。

九月に入ると、マスターズのテレビ放映権を持つCBSも抗議の対象になっていること、また抗議を行っている団体が全米女性評議会（NCWO）であることが情報として伝えられています。この時期の記事の多くは、トーナメントにとって大きな経済的ダメージが与えられるので、オーガスタ・クラブがこれまでの方針を変えるのではないかという見方を示しています。

最も記事が多く書かれた十一月には、「いつか女性が会員になることはあるかもしれない」としながら、会長のジョンソンが現段階で女性会員を受け入れる予定はないことを明らかにしたことが共同通信によって配信されました。これを受けて、朝日、毎日の各紙上にも同様の報道が行われています。

特に朝日新聞十一月十三日付けの記事には、女性団体の批判が不当であるとするジョンソン会長の見解の根拠が以下のように示されています。

……我々は長い間、会員間の友情と親密な関係を楽しんできた。変化を考えることは難しい……彼女は、我々が差別をしているように言うが、そうではない。我々はプライベートなクラブ。ボーイスカウトやガールスカウト、婦人会などが（異性をいれないからといって）不道徳だと言えるだろうか……[4]。（傍点筆者、括弧内は記事上の補足）

この談話には、最近のスポーツとジェンダーに関わる研究が指摘している重要な要素が含まれています。ジョンソン会長の談話は、イヴ・セジウィックがいうところの「男同士の性的欲望（ホモセクシュアル）を排した男同士の連帯（ホモソーシャル）」[5]を想起させ、それがクラブを存続させてきたように読めます。男性に特権的な文化としてのスポーツは、ホモソーシャルな関係によって構築されてきました。この関係性は、同性愛を嫌悪すると同時に、異性愛に価値を置くことによって、例えば、見られる性としての女性アスリートの姿をスポーツ・メディアに曝すといった影響を生み出し、ひいてはスポーツにおけるジェンダー再生産に荷担していると指摘されているのです[6]。

また、二〇〇二年十一月には、オーガスタ女性会員問題にもう一つ別の関心事が加わることになりました。マスターズはオーガスタ・クラブによる招待トーナメントですが、最近ではその招待資格は世界ランキングや獲得賞金が基準になっています。とはいえ、最終的に誰を招待プレーヤーとするのかを決定するのはオーガスタ・クラブです。そのため、世界ランキングや獲得賞金でみれば招待者としての資格を満たす選手の性別が女性であった場合、果たして、オーガスタは実際に招待するのだろうか、ということが次なる関心事となりました。

関心事を増やしたことにより、報道はさらにヒートアップしていきます。タイガー・ウッズも報道に巻き込まれ、黒人運動指導者からの批判やクラブを退会するメンバーの出現などが報じられます。これらの記事は、プライベートなクラブにおける決定の自由を主張してきたオーガスタに対する風当たりが強くなっている印象を与えます。

では、世論はこの問題をどのように受け止めていたのでしょうか。新聞社による全米各地の千四人を対象とする調査の結果によれば、オーガスタの方針を支持する人の割合は四六％、反対は四六％と同数でした。性別にみると、女性の五二％が反対であったのに対し、男性は五四％が支持したとされています[7]。つまり、世論は賛否がほぼ二分された状況にあったのです。

しかし結局は、マスターズ開催中も大規模なデモなどによる混乱は生じず、マスコミは少々肩すかしを食らったかたちで、報道は収束していきます。記事全体に目を通してみると、抗議はクラブやトーナメントに経済的なダメージを与えたものの、プライベートなクラブにお門違いな要求を行って相手にされず、尻すぼみになった、という印象を受けずにはいられません。こうした印象が生じる理由の一つは、本稿の冒頭で紹介した著作の執筆者であるユーバンクスが記者の質問に対し「メディアが作り上げた騒ぎ」と答えたコメントにみることができます[8]。

オーガスタ・クラブに対しては、「主義は曲げず、可能性の門戸は広げる。いかにも『自由の国アメリカ』らしい話ではないか。」[9]として、好意的に受け止める記事も見られます。オーガスタ女性会員問題とともに、森山真弓官房長官（一九九〇年当時）、太田房江大阪府知事の土俵女人禁制問題の例をあげ、両者を「駄々っ子」「おっちょこちょい」と評し、「伝統はこれからも遵守すべき」だと述べた図書もあります[10]。

■ゴルフクラブと性による差別を考える視点

これまで、オーガスタ女性会員問題の背景やこの問題の報道をみてきました。そこから浮かび上がってきたのは、この問題がおおいにメディアの関心を呼んだこと、しかし全体としては「騒ぎ」にすぎなかったというイメージでした。クラブが女性差別をしているかどうかという争点についてみれば、プライベートなクラブにおける構成員の自由や伝統を切り崩すことはできなかったといえるでしょう。

ここで、改めて、オーガスタ・クラブの主張してきたプライベートなクラブにおける構成員の自由、あるいは伝統ということについて、考えてみましょう。

オーガスタ・クラブは、確かにゴルフ愛好者による私的なクラブです。しかし、このクラブは、冒頭でも述べたように、ゴルフ界にとっては特別な存在のクラブです。そのことは、世界のゴルフ愛好者が認めているだけでなく、クラブ自らも認める事実であることを示す出来事があります。オーガスタ・ナショナル・クラブは一九九三年、地元のグッズ販売業者にある通告を行いました[11]。この出来事について、ユーバンクスは次のように述べています。


オーガスタ市長をはじめ州当局は、「オーガスタ」という名前とジョージア州地図が民間のゴルフクラブの所有する権利であると聞いて驚いた。……（中略）……（弁護士ロナルド・ドーブは）「オーガスタ・ナショナルは、オーガスタという名前はゴルフと同一のものだと主張する……オーガスタ市が内外に広く知られている理由はひとつしかないというのが彼らの言い分だ」と話す。（括弧内は筆者）

ここに書かれた弁護士ロナルド・ドーブの言葉が真実であるとするならば、自らをゴルフの代名詞であると語り、オーガスタ市の象徴であると語る存在が、そこから女性を排除することについて

「私的な集まりである」として正当化していることになるのです。

私的なクラブが誰を会員として認めようが自由であるという見解は妥当なものでしょう。しかし、他方で「私的」な存在を超えることと、それゆえに持つ権利を主張するのであれば、それに適した存在であるべきではないかという意見を持つ人も出てくるのではないでしょうか。

国内でのゴルフと女性差別をめぐる別の事例もあります。一九八五年五月、森山真弓外務政務次官（当時）が、小金井カントリー倶楽部での駐日各国大使と外務省幹部との親善ゴルフ大会への出場を予定していたときの出来事[12]です。森山氏は「土・日・祝日は、女性はプレーできない」とする同倶楽部の規則に触れ、結局、出場できませんでした。

この出来事の場合、一つには、小金井カントリー倶楽部の規則が女性を差別しているかどうか、という議論ができるでしょう。もう一つの問題として、当該の親善ゴルフ大会でプレーするのは、すべて男性に違いない、と外務省も小金井カントリー倶楽部も考えていたことがあります。国内外の要人は男性に決まっているから、女性はプレーできないクラブでゴルフ大会を企画しても大丈夫だという思い込みがあるのです。だからといって、小金井カントリー倶楽部が森山氏を特例として認めたら、女性を社会的地位によって差別することになってしまいます。

さらに、二〇〇〇年六月三日付朝日新聞の記事となった例[13]をあげておきましょう。

この記事は、全国屈指の名門とされる社団法人茨木カンツリー倶楽部が、日曜祝日に女性のプレーを原則禁止していることについて、「男女平等が推進されるなか、公益法人として不適切だ」として、大阪府教育委員会が行政指導を決定したことを報じたものです。記事には、クラブの「伝統」的な細則を理解する女性が会員になっており、改める予定はないとするクラブ側の主張が書かれています。

大阪府教育委員会による行政指導の理由とされているように、公益法人の一つである社団法人は、積極的に不特定多数の者の利益を実現することを目的として、事業を行わなければならないはずです。一方の性に属する人だけが、合理的な理由もなく「伝統」という名目によってプレーできないという不利益を被るとすれば、改善を要求されるのは当然ではないでしょうか。

これらの事例を含めてオーガスタ女性会員問題を考えると、女性会員を認めるかどうか、あるいは女性のプレーを認めるかどうか、という問題は、ゴルフ愛好家の私的な集まりであるのだから、好きにさせてくれ、という文脈だけで語ることができない問題も含まれていることに気づきます。

「伝統」「私的クラブ」を旗印として掲げた論理には、それなりの正当性があるように見受けられます。今回、事の顚末に関心を寄せた人の多くは、ひとまずこの正当性に納得したかもしれません。記事には関心を持っていたとしても、個人的な見解を聞かれれば、現時点で自分自身のゴルフ・ライフに支障がない限り、「オーガスタ・クラブが自由に決めれば良いことだから……」という傍観者で終った人もいるでしょう。

しかし近年、フランスのパリテ法（男女候補同数規定）をはじめ、社会のさまざまなところでアファーマティブ・アクション（少数派への差別を積極的に是正する優遇措置）が採られています。

こうした動きは、現在の両性の不平等を長い歴史の中の自由で私的な流れに任せてきた結果であると捉え、これを制限することによって、両性に対する結果の平等を保障しようとするものです。オーガスタ・クラブが私的であると同時に公的な評価を得ているならば、なおさらこのような考え方についても考慮する必要があるでしょう。

みなさんは傍観者にとどまらず、ゴルフ界、スポーツ界の性による差別について、様々な立場から考えてみてください。かつて黒人がゴルフ界から排除されていた時代を思えば、人種による差別とは、多数派や権力を持つ側や「伝統」そのものを作ってきた側からみた「正当性」を容認することによって成立していました。いつの時代も、差別とはそういうものであったのです。

（來田享子）

【注・文献】

1)スティーブ・ユーバンクス、赤野間征盛訳『オーガスタ　知られざるマスターズの素顔』ベースボールマガジン社、一九九八年、二二四頁
2)同上一九〇頁
3)前掲書1)、一九二頁
4)朝日新聞　二〇〇二年十一月十三日付東京朝刊、一七面
5)イヴ・セジウィック、上原早苗・亀澤美由紀訳『男同士の絆　イギリス文学とホモソーシャルな欲望』名古屋大学出版会、二〇〇一年
6)阿部潔「ソルトレーク五輪を通してみるジェンダー研究の広がり」『スポーツとジェンダー研究VOL．1』所収、二〇〇三年、五八～六〇頁
7)共同通信　二〇〇二年十二月一日付

8)朝日新聞　二〇〇三年四月二日付東京夕刊、一三面
9)共同通信　宮崎紘一「オーガスタの主義」二〇〇三年八月十一日付
10)生島淳『スポーツルールはなぜ不公平か』新潮社、二〇〇三年、一七五～一七七頁
11)前掲書1)、二一七頁
12)磯村尚徳対談集『新しい女性　これからの時代』誠書房、一九八九年、八七～八九頁
13)朝日新聞　二〇〇〇年六月三日付大阪朝刊、三五面

[備考]

○オーガスタには一九九八年時点で二名のアフリカ系アメリカ人会員がいるとされ（文献1)二一七頁）、二〇〇二年十二月一日付産経新聞の記事では、六名の黒人会員がいるとされている。しかし、オーガスタが会員資格における人種差別を事実上行っているかどうかについては、現在でも世論の見解は分かれている。

○本稿は、「ゴルフと女性差別を考える視点－オーガスタ女性会員問題の新聞報道を通して－」（日本ゴルフ学会機関誌『ゴルフの科学』第十六巻第三号掲載）を本書のために加筆・修正したものである。

3・「なんてこった！」のスポーツ界

ここでは、セクシュアルハラスメントと性犯罪がはびこる、スポーツ界の汚された栄光と称賛を鋭くえぐり出します。激怒する人もいれば、何もそこまで赤裸々にしなくてもと感じる人もいるでしょうが、はつらつ、さわやか、感動的なスポーツ界の幻想をかいま見ることも、スポーツ界を正

しく評価することになります。正しい評価こそが次世代につなぐに値するスポーツ文化となるのです。

■ジャーナリズムも無関心

ちょうど長野オリンピック一年前のことです。当時のオリンピック代表内定選手や候補選手に話を聞きにいった折、ある男子選手が帰りがけに、「オフレコですけど」と耳打ちした事柄はいまだに忘れられません。

インタビューが終わり、お礼をいって帰ろうとしたとき、彼は、「ちょっと相談があるんですけど」と切り出しました。「ある女子選手が困ってるんですけど、男の僕じゃどうしようもできない。いろいろ求められて……。選手にしてもらえないとか」。曖昧な言い方でした。「どういうこと？」と私が聞き直すと、彼は言いにくそうに、「関係を求められるらしいんですけど、嫌な選手もいるし……」

要は、指導者から性的な関係を求められ、それを拒否すると選手選考に響くということらしいのです。私は、「ああ、ここでもか」と思いました。どうして男性指導者と女子選手の間にはこういうことがあるんだろうとがっくりしました。表向きは「カリスマ指導者」であれ、内実は「男の性」がうごめいているわけであって、男性性を武器にするのは卑怯だと思っていました。

例えば、バレーボールの日本代表監督が雑誌のインタビューに堂々と、「暴力的だと女子選手は喜ぶ、そうでないとついてこない」、と話している記事を読むにつれ、雑誌自体が、「女子選手は男性の強いリーダーシップに魅かれ、少々の暴力や暴言も許させる。むしろうれしいのだ。女子選手はそうでないと強くならない」というような論調で、ひとつの傾向として述べているのがショックでした。暴力や暴言を追及するのではなく、まったく逆の、むしろ賛美するように受け取られたのでした。

この記事は男性記者が書いていました。私も記事を寄せていた雑誌だったので、すぐに担当デスクに抗議しました。デスクは「そう?」みたいな風で、私の言いたかったスポーツ界での性的暴力や性的嫌がらせにはほとんど興味を示しませんでした。このデスクも男性です。何かしないといけない、と思ったのはこのときです。

女性のデスクに相談すると、「面白いね」とはいったものの、やはりスキャンダラス的な捉え方でしかありません。スポーツ界の暗部をえぐるとか、スポーツ界の意識を変えるなどという考えは微塵もないのです。というのは、スポーツはあくまでも、さわやかですがすがしくて、汗と涙の結晶で、感動をもたらしてくれるものだという思い込みがあるからです。むしろ暗部はそのままに、それより華やかでかっこいい部分だけでいいじゃない。スポーツでみなが楽しくなって明るくなればいいいじゃない。ジャーナリズム色が濃いといわれる雑誌すら、スポーツは「無害」なものでしかありません。

■権力を笠に着て

私は、それでもコツコツ何かできないものかと考えていました。一人の元オリンピック選手に会ったのはそのころです。彼女は、確かに性的嫌がらせはある、と言いました。しかしそれは「当たり前」なことで、指導者から少々触られても嫌らしいことを言われても、「そういう人なんだ」と思うしかない。下手に反論や反抗をしたら、それこそ冷たくされるし選手に選んでもらえなくなる。女子選手のなかには指導者に気に入られようとして近づくこともあるようです。「身を犠牲にしても代表になりたい人がいるし」と、彼女は吐き捨てました。「私はそういうのを拒否したから嫌われてましたよ」と言うのです。私は「なんてこった」と思いました。

別の機会に別の元オリンピック選手に会いましたが、彼女は三十歳を過ぎるというのに、当時男性指導者から私生活まで強いられていました。一人暮らしは認められない、外泊もだめ、寮生活が続いていました。私は彼女に、「現役じゃないんだから、思い切って出ちゃえば」と薦めたのですが、「何か言うといまの仕事をやめなくちゃいけない。この世界でしか生きて行けないから何もできないし、言えない」と彼女は答えました。なんてこった。

もう一つ。これはある新聞記者から聞いた話ですが、男性記者ばかりのときに、男性指導者が漏らした言葉は、「ブスは嫌だよな。かわいい選手だと少々記録が悪くても選手に選んじゃうんだよね」。男性記者は、「仕方ないよね」と答えていたそうです。なんてこった。

なぜ女子選手ばかりがこんな目で見られなくちゃいけないのでしょうか。公正な目、公正に扱われることは少ないのでしょうか。女子選手も、嫌なのにきっぱり言えない。はっきり言うと競技をやめざるを得ない事態すらあるようです。

■問題を複雑にする個人的感情

性的嫌がらせ、性犯罪で困るのはそこに個人的感情が入り込んでくる場合です。

十年ほど前に、ある男性指導者にインタビューしたことがあります。彼は個人競技の面倒を見ていましたが、「女子選手は恋愛感情がないと強くできませんよ」と豪語していました。彼は確かに妻とは別居し、女子選手と同棲生活をしながら指導していました。

もう一人の男性指導者は、「難しいよね、どこまで性的嫌がらせと思われるかどうかは、だって女子選手がこちらに恋愛感情をもっているなら、何をしてもいいでしょ、でも嫌われていたら、ちょっと触ってもセクハラになるんだから」という。また、彼が繰り返していたのは、「最初は恋愛感情があっても、男女の仲がこじれたら、恨みになって訴えられることだってあるんだから、気をつけなくっちゃ」でした。完全に保身に走っています。

男性社会のスポーツ界で数少ない女性指導者は違う見方をしています。彼女らは、チームのマネージャーの存在を考え直すべきだと言います。つまり、「マネージャーは奥さんより長くいっしょにいるわけですよ、監督の身の回りのことを朝から晩まで、つきっぱなし。何もないとはいえないでしょ。実業団なら大人だから判断できるけど、高校生だったらどうするのかなあ。実際かわいい子ばかりマネージャーにしているチーム、多いですよ。」

別の女性指導者は、「海外合宿で男性指導者たちは買春する。警察に見つかって検挙されたって話、ありましたよ。男性指導者ってそんなもんですよ」と告白する。こうした現状に「なんてこった」と思わない人はいないでしょう。

■悪質な事例

ああ、なんてこった。この憤りが爆発して、とうとう朝日新聞のオピニオン面で世間に向かってスポーツ界のセクシュアルハラスメントについての意見を述べてしまいました。二〇〇一年六月二十三日の朝刊に掲載されると大きな反響がありました。

「スポーツ界のセクハラを絶て」というタイトルもさることながら、内容がスポーツ界を厳しく批判したものだったからです[1]。記事に載せたウエブサイトへは、掲載当日と翌日を合わせて約千五百件のヒットがあり、Eメールには賛成の声あり、励ましの声あり、当然ながら私の記事への批判の声あり、怒りの声あり、なかに「告発」も数件含まれていました。

その告発のうち最も悪質な事例を、私は調べることにしました。

(1)事例一

女性からの一通のメールには、スポーツ界の汚点をまざまざと感じさせられました。

中学、高校と陸上競技をやっていた彼女はそこそこの成績で、県の陸上競技協会が主催する強化合宿に参加したのですが、そこで指導していた陸上競技協会の役員から、中学生のころ性的嫌がらせを繰り返し受けたというのです。ほとんどの女子強化選手が被害者だったようです。マッサージと称し、下着の中へ手を突っ込まれ、行為は毎回一時間に及んだとのこと。彼女は非常に恥ずかしい思いをし、この件を顧問に訴えるが聞き流されてしまい、まわりの関係者も見て見ぬふりをしていたようです。彼女はすでに成人していますが、娘が中学で陸上を始め、自分と同じ経験をしたらどうしようという心配と、いつかだれかに言いたかったという悶々とした気持ち、法的に訴えることができなかった悔しさが伝わってきました。

私は、一気に書いたと思われるかなり乱れた彼女の文章を読みながら、「許せない」と思いました。彼女のメールの最後にはこの人物の実名がありました。立証されればこれは犯罪です。

私は意気込んで調べ始めました。が、知れば知るほど、訴えるにはあまりに非力だと思いました。この人物を調べるために彼の在住する地元新聞社のデータベースを調べたのですが、ファックス機器から流れ出てくる検索記事を一枚一枚取り出して読むうち、私は愕然としました。何と、出てくる話は美談ばかりじゃないですか。こんな美談ばかりじゃ、きっとこの人物が異常とも思える性的いたずらを趣味とする指導者とはだれも思わないでしょう。女子選手たちを辱めたこの人物は、下手をしたら地元のスポーツ殿堂入りするくらい「立派」な評価でした。大物代議士の後ろ盾もあるようです。さらに気落ちしたのは、彼はとうに故人でした。死人に口無し。なす術もなく、今も口悔しさがつのるばかり。なんてこった。

⑵事例二

もう一通のメールも呆れたものでした。テニスやソフトボールで有名選手を輩出している私立女子高校の話です。バスケットボール部の顧問であり、教師である人物が、特定の選手に対し一年間にわたり性的嫌がらせを続け、保護者たちが見るに見かねて校長に訴えたというものです。告発者は被害者の親ではなく、同じバスケットボール部員を持つ母親でした。

この教師は一応校長になだめられたという形で、依願退職。ところが、辞めてから、今度は母親たちにストーカーまがいの嫌がらせを始めたというのです。電話や長文ファックス、手紙……。どれも「冤罪」を訴え、自分が今までどれだけ一生懸命バスケットボールの指導に携わってきたのかをしつこく母親たちに伝えていたそうです。告発者は「ノイローゼになりそう」と不満をぶつけ、警察に相談してもラチがあかないことを嘆いていました。

この件は、バスケットボール関係者の協力で、学校の名前はすでに分かっていますが、この問題をどう切り込んでいいのか、私は思いあぐねています。というのも、この告発者は面会を申し出ると、「もう言いたくない」といって連絡が途絶えてしまったからです。

■スポーツ界にはびこる暗部を見逃すな

朝日新聞の記事掲載から一カ月以上たち、見えてきたことがあります。それは、エリート選手の問題もさることながら、中学・高校における部活動顧問や競技団体役員のハラスメントが目立つことです。唖然とするのは、教育の現場での「事件」にもかかわらず、学校や教育委員会は、ひたすら隠蔽し、加害者である教師を庇い、穏便にことを済ませ処理をしているケースがほとんどであることです。残念ながら、保護者たちは、娘をこれ以上傷つけたくないという一心で、警察やメディアに訴えることはしません。被害者をサポートする受け皿もないに等しい。残るのは、女子選手の心とからだにこびりついた厭らしい視線と汚らわしい手の跡だけです。

しかし、こういう悪循環をいつまでも繰り返しては、スポーツが歪んだものになってしまいます。一人の心ない指導者のために、女性スポーツの普及や強化に真面目に取り組んでいる男性指導者の苦労が水の泡になってしまいます。だから、被害者自身のほんの数少ない声を大切に、それを一つひとつ丁寧に解き明かし、問題の所在を訴える、というきわめて地道な作業しか、閉鎖的、かつ保守的なスポーツ界の分厚い壁は崩せないと思っています。針の穴ほどでいい。開ければ壁を壊すきっかけになるはずです。

私がここまで述べてきたことは冗談でも作り話でもありません。匿名ですが、現場の生の声です。スポーツに携わるすべての人、そしてスポーツファンを含むスポーツを支える人にはとくに耳を傾けてほしい問題なのです。

トップレベルに限らず、中学・高校の運動部においてもセクシュアルハラスメントは枚挙にいとまがありません。またプロ野球界での女性レイプ事件、大学ラグビー部レイプ事件、有名選手の幼児へのいたずら行為など、スポーツ界にうごめくセクシュアルハラスメント・性犯罪は、表沙汰にはなりにくいのですが、現実にある重大な人権侵害です。

スポーツ界で性暴力事件が起きると、選手・指導者をはじめスポーツ界にかかわる人々の甘え、世間知らずといった部分が浮き彫りにされます。集団レイプや性暴力がどのような深層心理から端を発するのか。権力主義、男性社会という中で、競技をとったら何も残らない選手、競技しか知らない世間知らずの選手たちは、セクシュアルハラスメント・性犯罪の餌食といってもいいかもしれません。

スポーツ界は男性社会であり、権力主義であり、女性は飾り物、性的玩具であるという意識がどこかしこにないとはいえません。男性指導者と女性選手に主従関係があり、性的関係を強要してもいいんだ、というとんでもない勘違いがないわけではありません。

競技団体やメディア、JOCは、日本がオリンピックでとったメダルの数をかぞえる前に、この国のスポーツ界での倫理を考え、選手の人権を守るルールや委員会組織がいくつあるかを数えてほしい。すでに欧米ではかなり以前から競技団体やオリンピック委員会レベルで調査委員会や撲滅運動が始まっています。

スポーツはさわやかですがすがしく汗と涙の結晶で、感動をもたらしてくれればよいのか。華やかでかっこいいだけでよいのか。明るく楽しければよいのか。

繰り返しますが、スポーツに関わる人すべての人に考えてほしいのです。スポーツ界にはびこる暗部を見逃してよいのか、今のままでよいのか、ということを。

（山田ゆかり）

［注・文献］

1) http://www.atacknet.co.jp を参照されたい。

［備考］

スポーツ界のセクシュアルハラスメントについて、事例、ご意見、情報など何でも、http://www.atacknet.co.jp/yamada/まで送られたい。また、拙訳書『スポーツヒーローと性犯罪』（ジェフ・ベネディクト著、大修館書店発行、二〇〇〇年）も参照されたい。

4・女子用ルールはなぜ定められたのか
――バドミントンルール改定の意味――

■ルール改定の背景とその内容

スポーツのルールには、同じ競技であっても女子種目と男子種目とで、競う距離やセット数などが異なるものがあります。ところが、バドミントンでは、もともと男女同じだったスコアリングシステムを、女子にかかわる種目だけポイント数を少なくするという決定が二〇〇二年になされたのです。このバドミントンのルール改定については、次のような経緯がありました[1]。

バドミントンでは、長年、女子シングルス（十一ポイント三ゲーム制）を除くすべての種目で十五ポイント三ゲーム制を実施していました。それを見直すきっかけになったのは、一九九〇年アジア大会団体戦決勝（中国対インドネシア戦）で激戦が続き、午前〇時をまわっても決着がつかず、観客の大半が帰ってしまうという事態が生じたことです。この頃から、試合時間を短縮すべきだという意見が出始めました。さらに、一九九三年世界選手権大会で、男子シングルスを当時の国際オリンピック委員会（IOC）のサマランチ会長が視察し、「観客を引きつけるためには、もっと試

表3　5つのルール改正案

（「バドミントン・マガジン」2002年7月号 p.42より）

	MS	WS	MD	WD	MIX	備考
ルール案1	3×15	3×11	3×15	3×15	3×15	現行ルール
ルール案2	5×7	5×7	5×7	5×7	5×7	試験案
ルール案3	5×9	5×9	5×9	5×9	5×9	イングランド案
ルール案4	5×9	5×7	5×9	5×9	5×9	デンマーク案
ルール案5	3×15	3×11	3×15	3×11	3×11	改定ルール

合時間を短くし、楽しませる工夫をしたほうがいい」と発言したのです。ＩＯＣは、オリンピック種目の採用や削除をする権限をもっていますから、この会長の一言がバドミントン界を揺るがすことになりました。国際バドミントン連盟（ＩＢＦ）に、本格的に試合時間の短縮化を目指す機運が生まれ、そこで浮上してきたのが、七ポイント五ゲーム制の導入です（**表3参照**、「ルール案1」から「ルール案2」へ）。

七ポイント五ゲーム制には、積極的に攻撃した方が勝ちやすい側面があり、より長身でパワーのあるヨーロッパ勢に歓迎され、ねばって勝つアジア勢（特に、中国、インドネシア、マレーシア）は強行に反対する姿勢を示していました。意見の対立は激しく、ＩＢＦ総会ではついに決着をみることができず、この問題は理事会に一任されました。

二〇〇二年五月十八日に行われた理事会では、討論の末、女子シングルスのみ七ポイント五ゲーム制で他の種目を九ポイント五ゲーム制にする「ルール案4」と、女子シングルス、女子ダブルス、ミックスダブルスを十一ポイント三ゲーム制、男子シングルスと男子ダブルスを十五ポイント三ゲーム制にするという「ルール案5」に絞られ、投票の結果、アフリカ票とアメリカ票を抱えるアジア票が十二対八でヨーロッパ票を上回り、「ルール案5」に決定されました。つまり、女子ダブルスとミックスダブルスを、従来の十五ポイント三ゲーム制から十一ポイント三ゲーム制に短縮するというものでした。

■スポーツルールの機能について考える

まず、この問題を考えるにあたって、ルールの原則に立ち返ってみたいと思います。守能信次は『スポーツとルールの社会学』[2)]の中で、スポーツのルールには三つの機能があると述べています。第一に「法的安定性の確保」、つまり法によって一定の秩序を打ち立てようとすることです。第二に「正義の実現」、第三に「面白さの保障」です。

「法的安定性の確保」のためには、ルールが次の四つの条件を満たしていることが必要です。①明確であること、②みだりに変更されないこと、③実行可能なものであること、④選手の意識と合すること、つまり選手の合意を得られる性格のものであることです。今回のスコアリングシステム改定の場合、この④が一つの鍵になりそうです。

「正義の実現」には、等しいものを等しく扱うという意味での正義（平均的正義）と、等しくないものを等しくなく扱うという意味での正義（配分的正義）があります。平均的正義は、「各人の間に同位の秩序を打ち立てようとする」ものであるのに対し、配分的正義は「おのおのの人間は、その能力や功績、または義務違反の程度に応じて、それぞれ異なる扱いを受ける」という意味です。今回の場合、女性と男性という区分けが、このどちらに相当するのかが鍵になります。女性と男性は違うのだからルールも違って当然だ、という考えは、配分的正義の立場をとっていることになります。

最後に重要なのが、「面白さの保障」です。これは、ルールは「そうでなければ当該のゲームが面白くなくなるという、根底において主観的な性格の判断の上に成り立っている」ということです。したがって、ルールは不変なものではなく、変えることができるものであり、必要に応じて書き換えられるべきものです。それでは、これらのルールの原則に立って、今回のケースを見てみましょう。

■スコアリングシステムの改定劇・再考

スポーツは、「面白い」ということが重要な要素になってきますが、では、いったい誰にとって面白いのか、ということが問題です。スコアリングシステムの改定は、明らかに「見る人」、つまり観客やテレビの視聴者にとって面白くする、ということが目的になっていました。それでは、プレーヤーにとっての面白さはどうなのでしょうか。「法的安定性の確保」にあった「選手の合意」を得られているのかどうか。この件に関して、ＩＢＦが選手の意見を聞いたという話は聞こえてきません。少なくとも、筆者らの調査では、七割以上のプレーヤーが改定に反対でした（図４、図

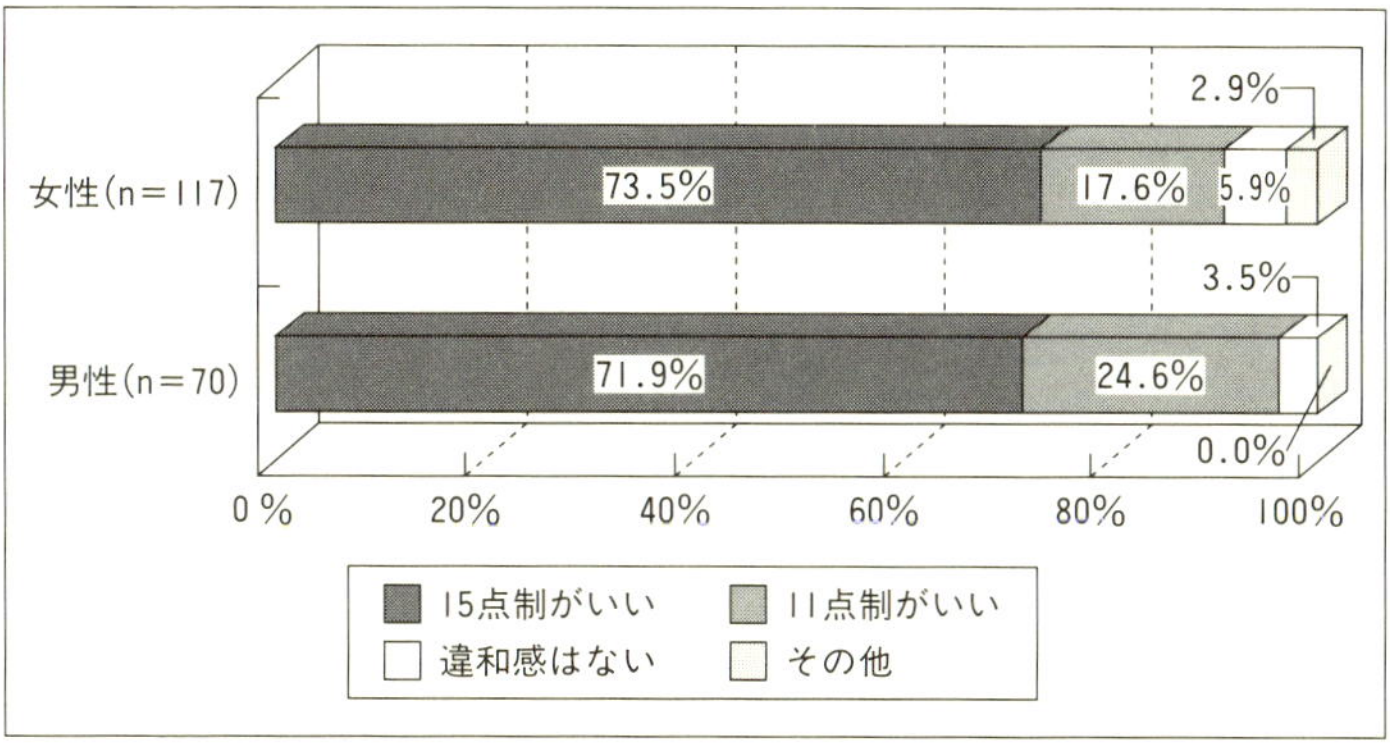

図4　スコアリングシステム改定の印象

図4図5とも、スコアリングシステム改定後に、筆者らが日本のバドミントン実施者に行ったアンケート調査。調査時期は2002年10月～2003年1月、回答者の年齢は10歳代～60歳代、競技レベルはクラブレベルから全国大会上位までの多様な男女188人。11ポイント制への変更をプレーヤーとしてどう感じたかを聞いた結果、男女とも「15ポイント制のままがいい」が「11ポイント制がいい」という回答を大きく上回った。15ポイント制を支持する理由として最も多かったのは、「11点制では短いので先取されている時に不利だ」というもので、次いで「後半に強いので11点では試合展開が難しい」である。一方、11ポイント制を支持する理由は、「11点制のほうが集中して試合ができる」という回答であった。

[5]。

次に、ルールを変えていくのは誰なのか。それはバドミントンの国際的な意思決定機関である、IBFです。そこでの最高機関は、理事会ということになります。その理事会でのスコアリングシステムの改定は、女性にかかわる種目のみが短縮されました。そこに女性の声は届いていたのでしょうか。意思決定機関における男女構成を見てみましょう。

二〇〇三年七月現在、IBFの執行部の構成は九名ですが、すべて男性で女性は一人もいません。また、日本バドミントン協会の役員は二十名ですが、やはりすべて男性で女性は一人もいません。残念ながら、女性の声を反

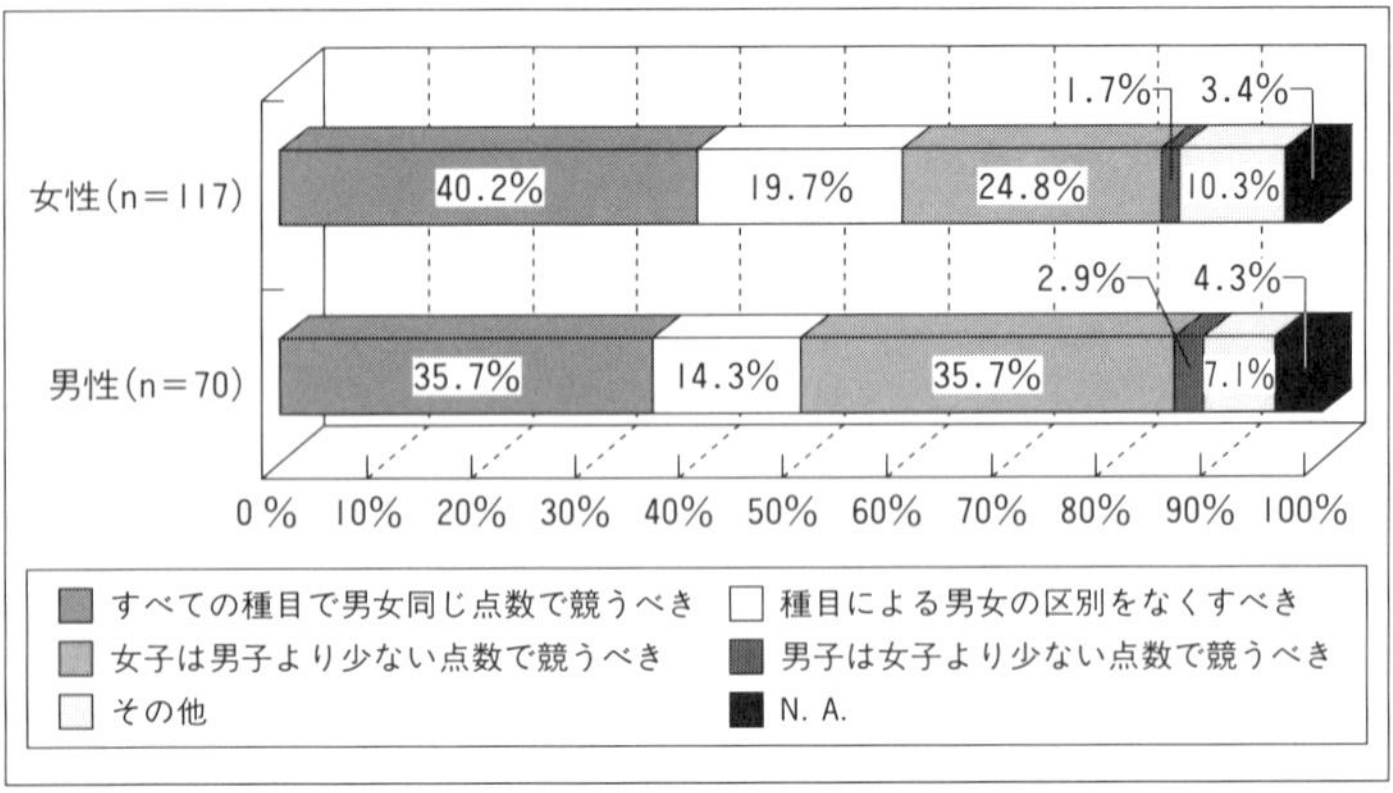

図5　スコアリングシステムについての考え

図4と同じ調査で、スコアリングシステムのあり方について考えを聞いた結果。女性では約60%、男性では50%が、男女が等しい条件でプレーすることを望んでいることがわかる。

映させるには難しい状況にあるといえます。

ＩＯＣは、スポーツ団体に対して、二〇〇五年までに意思決定機関における女性の割合を二〇％にすることを求めています。この基準を達成するためには、ＩＢＦは、女性の役員を九人中二人に、日本バドミントン協会は、女性の役員を二十人中四人にしなければなりません。

■ヨーロッパ勢の逆襲？
――女性差別をめぐるＣＡＳの裁定――

さて、女子ダブルスとミックスダブルスを、従来の十五ポイント三ゲーム制から十一ポイント三ゲーム制に短縮するというＩＢＦ理事会の決定後、どのようなことが起きたのか、世界の動きに目を向けてみましょう。カナダ・オリンピック委員会は、カナダ、イングランド、スコットランド、ニュージーランド、オーストラリアの各国バドミントン協会を代表して、この理事会決定を不服として、国際スポーツ仲裁裁判所（CAS）に提訴したのです。カナダ協会側は、唐突になされた決定に正当性があるとは思えず、理事会の決定は結果的には女性差別にあたっていると主張しました[3]。

CASにどのような提訴をしたのか、またそれに対してどのような回答があったのかを、イングランド・バドミントン協会に問い合わせてみたところ、次のような回答が得られました。

質問1　IBF理事会は、二〇〇二年IBF年次総会における会員による指示通りに、その管轄権内において機能を果たしたか、また「IBF規則」の範囲において、競技のスコアリングシステム規則について決定を下したか。

回　答　いいえ

質問2　IBF規則内に内部の抗告手続きが存在しない事実に鑑みて、IBF理事会はその決定を下すに当たって、自然的正義の原則に従って行動したか。

回　答　いいえ。内部の抗告手続きがない場合は、IBF理事会は自然的正義の原則に従う立場にはなかった。

質問3　IBF理事会により下された決定は、オリンピック憲章により定められた原則に反し、性による差別をしていないか。

回　答　IBF理事会の決定は男女を不平等に扱っており、よって差別的であると見なされる可能性があるという意味で、「Ｙｅｓ」である。

その後、二〇〇三年三月二十二日に行われたＩＢＦの臨時総会で、女子ダブルスとミックスダブルスは従来の十五ポイント三ゲーム制に戻され、この問題は一応の決着をみました。

ＣＡＳへの提訴の中で、オリンピック憲章が持ち出されていることを不思議に思われるかもしれませんが、オリンピック憲章[4]には、男女平等の原則と性に関する差別を禁止する次のような条文があります。

「適切な手段により、あらゆる階層及び組織において女性のスポーツ振興を強く奨励する。とりわけ国内並びに国際スポーツ団体の執行部においてこれを推進し、男女平等の原則の完全実施を目指す。」（第Ｉ章オリンピック・ムーブメント２．ＩＯＣの役割５．）

「人種、宗教、政治、性別、その他に基づく、国もしくは個人に対するいかなるかたちの差別は、オリンピック・ムーブメントへの帰属とは相入れないものである。」（同章３．オリンピック・ムーブメントへの帰属２．）

「オリンピック・ムーブメントの枠内でのＩＦ（国際競技連盟、ＩＢＦはこれに含まれる――筆者注）の役割に関して、各ＩＦの規則、慣行及び活動は、『オリンピック憲章』に従ったものでなければならない。上記を条件として、各ＩＦは当該競技の管理において独立と自治を保つも

のとする。」（第Ⅲ章国際競技連盟（IF）29・IFの承認）

このように、IBFには、オリンピック憲章に定められている男女平等の原則の実施が強く求められているわけです。

■種目とルールを見直そう

バドミントンにはミックスダブルスという種目があります。このことは、女性と男性がシャトルを打ち合い、対戦可能なことを示しています。それでは、性別を問わない、つまり男性、女性どちらが参加してもよい種日の設定というのは不可能でしょうか。

性は連続しており、生物学的にも女性と男性の中間に位置するマイノリティの人々がいます。女子種目、男子種目という区分けは、人間が女性と男性に完全に分かれることを前提にしているので、マイノリティの人々をスポーツから排除していることにもなります。また、バドミントンのプレーヤーにも、性別とは別に、攻撃型や守備型、あるいは前半型や後半型など様々なタイプがあります。性別という垣根を外してみることで、性別を越えてプレーヤーのタイプの対戦が可能になります。

バドミントンは、シングルスを除いて、男女とも同じポイント数、同じルールで競技が行われてきました。どうして、女子のシングルスだけが十一ポイント制なのでしょうか。意思決定機関の男女構成を考えても、これが男性だけによる決定であったことは容易に想像されます。

女子のシングルスだけが十一ポイント制であることについて、どのように考えているのかをイングランド・バドミントン協会に問い合わせてみたところ、女子のシングルスが十一ポイント三ゲーム制で実施されているのは歴史的な例外であるが、現在のところこれを変えようという十分な機運にはなっていない、ということでした。ノルウェーをはじめ一、二カ国で変更を求める動きがありますが、幅広い支持を得るには至っていないこと、また、特に女子シングルスのトップ・プレーヤーの大半が、女子のシングルスを十五ポイント三ゲーム制に変更することを支持していない、ということでした。そこに当事者である女性プレーヤーの意思が尊重されていることを知って、ほっとしました。案外、男性プレーヤーのなかにも十一ポイント三ゲーム制の方がいいと思っている人がいるかもしれません。

女性と男性がペアを組むミックスダブルスでは、女性が攻撃の対象になりやすいという話を聞いたことがあります。そこに、女性同士のペアが混じれば、女性という理由で片方のプレーヤーが攻撃を受けることはなくなり、ゲーム展開にも変化が生まれるかもしれません。こうして、既成のパターンを少しずつ崩していく試みが、スポーツのジェンダー・バランスを変えていくことにつながります。

今後、より多くの人々がスポーツを楽しむためには、性別よりも体力や個性に応じてプレーヤー自身が選択できるような、多様な種目やルールを設定していくことが求められるのではないでしょうか。一律に十五ポイント制のみ、というのではなく、IBFで議論になった七ポイント制のほか、三十ポイント制などがあってもいいのかもしれません。特に、生涯スポーツや学校体育では、いたずらに国際ルールに従うのではなく、プレーヤー自身が楽しめるルール設定を工夫していくことが大切でしょう。

■再考すべき女子用ルール

「男性は女性よりも身体能力が高く、体力がある」だから「男性は女性よりも長い試合をするのが適している」あるいは「女性は男性よりも少ない量でいい」という固定的な男女の身体能力・体力観からは、そろそろ解放されてもいいのではないでしょうか。生理学的な相違でさえ、男女差よりも個人差のほうがはるかに大きいことが明らかになっています。スポーツのルールにおいて、何を競うのか、どこに競技の軸を置くのかをもっと可変的に考えてみてもよさそうです。

問題なのは、意識的にしろ無意識的にしろ、執拗に男女を分けて別枠で考えてしまう人間の心理と、男女の力関係のアンバランスではないでしょうか。スポーツのルール以外にも、取り立てて根拠もなく、女性と男性が別な役割を担っていることはありませんか。周囲を見回してみてください。

（田原淳子）

【注・文献】

1)「緊急レポート　ルール問題に決着　15ポイント3ゲーム制を続行」『バドミントン・マガジン』二〇〇二年七月号所収

2)守能信次『スポーツとルールの社会学』名古屋大学出版会、一九八四年

3)「新スコアリング制度は女性差別？」『バドミントン・マガジン』二〇〇三年二月号所収

4)財団法人　日本オリンピック委員会『オリンピック憲章』二〇〇三年度

【備考】

バドミントンのスコアリングシステム改定について考えるきっかけを与えてくださり、また日本スポーツとジェンダー研究会第二回大会二〇〇三ワークショップ「ルールの男女差を考える―バドミントンを事例に―」を通じて、本稿にかかわる貴重な情報提供をしていただいた田村名巳子さんに謝意を表します。

第4章

スポーツを支配するメディア

1・放送はスポーツをどう変えてきたか

——テレビはスポーツを見せ物にしたのか——

■スポーツの「観客」とは何か

人はなぜスポーツを見るのか、そしてスポーツはいつから見せ物になったのか。スポーツ放送の功罪としてよく議論されるこれらの問いは、いずれももっともなものに見えるが、スポーツというものが観客を集めた社会（社交）の中で成立したことや、社会的、文化的な本質を考えると、設問自体が間違っているのだ、と哲学者の多木浩二氏は指摘しています[1]。

イタリアのシエナという町の市庁舎前広場で行われる競馬の原型「パリオ」、スペインのパンプローナで行われる牛追い競争、両国回向院での奉納相撲など、近代スポーツの原型といわれるような行事は、いずれもその町の人だけではなく、よそから見に来る多くの人たちで賑わいました。競技ルールの確立した近代スポーツが成立してからも、この点は「スポーツの本質」としてまったく変わっていません。観客は常に「スポーツ」の一部を成してきたし、今も成しています。

観客について、スポーツ中継放送が革命的に変えた点はただ一つ。競技場に居ない「観客」をつくり出した、ということです。シドニーのオリンピック・スタジアムは十一万人もの人を収容できる巨大な競技場です。しかし、この競技場で行われた開会式の中継放送を、日本国内に居ながら見た人は三千五百万人もいたのです[2)]。スタジアムにいた人の三百倍以上の数です。この「場外の観客」の桁違いの数の多さが、スポーツを社会に組み込み、一つの経済メカニズムをつくっていきます。

■テレビによる「スポーツ経済」のはじまり

競技場でスポーツを見る観客は入場料を払ってくれますし、弁当やビール、記念品などを買うこともあります。一方、テレビによってつくり出された膨大な数の「場外の観客」には、直接には何も売ることができません。しかし、その代わりにスタジアムの看板とか、選手のつけるゼッケンにスポンサーの名前を入れ、企業名や製品の宣伝をすることはできるのです。この収入は競技の主催者に入るのが普通です。また、それだけの数の人が見てくれるならと、テレビのスポーツ番組にコマーシャルを入れるスポンサーを見つけることもできます。こちらはテレビ局の収入になります。主催者と看板やゼッケンのスポンサーの間や、テレビ局と番組スポンサーの間をつなぐのが、広告代理店やスポーツ・エージェントです。こういうお金の流れる仕組み、つまり経済メカニズムをスポーツ・マーケティングと呼びます。日本でスポーツ・マーケティングが本格的に始まったのは一九七〇年代後半でした。

「デサント陸上」、「(三菱)ミラージュ・ボウル」、「トヨタ・カップ」、「セイコー・スーパーテニス」、「NECデビスカップ」などの、スポンサーの名前をつけた大会が一斉に生まれたのは、一九七〇年代末から一九八〇年代初めのことでした。いずれも企業の海外進出や外国向け製品の輸出促進と表裏一体の関係です。例えば、NECは、国外向けの社名を従来の「日本電気」から「NEC」に変え、新しい名前を世界的に知ってもらう必要に迫られていました。また磁気テープメーカーのTDKは、一九八三年の秋にヘルシンキで開かれた世界陸上選手権のゼッケンスポンサーになりました。TDKはこの年の三月に社名を「東京電気化学工業」から「TDK株式会社」に変更、六月にロンドンの株式市場に上場したばかりでした。世界陸上での宣伝は功を奏し、大会後フィンランド国内では「TDK」の三文字が一気に有名になり、シェアが三倍に増えたのです。スポーツ・マーケティングは、エネルギーや通貨制度をめぐる世界情勢の大きな渦の中で企業が変容してゆく過程で生まれ、その手法を確立していきました。

では、企業は世界進出の宣伝手段として、なぜスポーツを選んだのでしょうか。日本のスポーツ・マーケティングの先駆者、ジャック・坂崎氏が、「人気スポーツ・イベントには広告手段として莫大な価値が潜在する」[3]と言うように、言葉や国境を超える普遍性を持ち感動を与えるという意味では、音楽や絵画も、バレエやダンスのような身体芸術も、囲碁やチェスといったゲームも同様です。しかし、その中からスポーツが宣伝広告に最適とされたのは、二つの現実的な理由からではないでしょうか。一つは、絵画やバレエが好きな人よりスポーツを好きな人の数が多いということ、つまりテレビを通じた「観客数」の違いです。これは「日曜美術館」や「芸術劇場」などの番組より、巨人・阪神戦やサッカー日本代表戦の視聴率がはるかに高いことからも窺えます。もう一つは、コンサートホールや棋聖戦の会場より、スポーツの競技会場の方がはるかに広く、多くの看板広告を出しやすいということです。陸上競技場なら、テレビに映る看板を出せる場所は、バック・ストレッチだけでも長さ百メートル以上はあります。音楽でも、かつてのウッドストックなど広大な場所で行われたコンサートはありましたが、広いのは観客席であって演奏の場所ではありません。このような特性が、スポーツが選ばれた理由でしょう。

■テレビはスポーツを「商品化」したのか

アマチュアリズムとは、競技すること自体がスポーツの目的であり、勝利の栄誉と自らの達成感だけがその正当な対価である、という考え方です。スポーツの世界では、アマチュアリズムが最も大切なことだと広く思われてきました。日本ではさらに「武士は食わねど高楊枝」を潔いとする金銭観と相俟って、西洋のスポーツが輸入されてからの百年あまり、アマチュア主義は「スポーツの神髄」の域にまで高められ、崇められてきたように思います。

スポーツの「商業主義化」や「商品化」を非難糾弾する人たちは、アマチュア主義にスポーツの神髄があると信じています。アマチュア主義が善であり、その崩壊の過程や結果である商業主義や商品化が悪であるとする明快かつ単純な二元論です。アマチュア主義を崩壊させた犯人は、莫大な放送権料を支払い選手の金銭欲を刺激するテレビであり、テレビがスポーツの本質を歪め、その結果としてドーピング、不正採点、ダフ屋の横行などが蔓延するようになった、という主張もよく聞きます。しかし、このような議論には事実の誤認や判断の間違いがたくさん含まれています。

前に述べたとおり、スポーツが経済と社会の仕組みの一部となってゆく過程は、一九七〇年代の世界情勢の中で必然的に起きたことです。テレビ放送を軸としたスポーツ・マーケティングという仕組みができ、競技団体や大会の主催者に企業からお金が入るようになり、企業はスポーツを通じて会社の名前を宣伝することができるようになりました。この過程でアマチュア主義という「スポーツの神髄」は自然に輝きを失っていったのです。経済というのは一言でいえば、お金の流れという意味です。お金の発生しないことが要件であるアマチュア主義と相容れないのは当然のことです。経済の問題は、善とか悪とかいう倫理とは次元の違う話ですから、これらを混ぜ合わせて論じるのは間違っています。

放送権料の話は後で検討するとして、ドーピングや不正採点、さらにダフ屋の横行についての非難には事実誤認があります。ドーピングの問題が大きく取り上げられるようになったきっかけは、何といっても一九八八年のソウル・オリンピックでベン・ジョンソンが百メートルの金メダルを剝奪されてからでしょう。しかし、ドーピングはじつは古くからあったもので、日本でいえば明治から大正にあたる時代にも、ボルドー・パリ間の六百キロ自転車レースでトリメチルを過剰投与された選手が死亡したり、ボクサーのストリキニーネやコカインの使用が発覚するなどの事件は起きているのです。国際オリンピック委員会（ＩＯＣ）が初めて「ドーピング反対」の決議をしたのは、アマチュア主義全盛の一九六二年の事でした。不正採点の方はさらに古く、ギリシャの古代オリンピックでも存在したのですから、こちらもアマチュア主義の崩壊に直接結びつけるには無理があるのです。

先に、言葉や人種、国境を超えた普遍性を持ち感動をもたらすものの例として、スポーツの他に音楽、絵画、囲碁、バレエなどを挙げました。スポーツ以外は、古今東西を問わず、いずれもプロの世界なのです。ここで「プロ」というのは演奏、作品、対局、演技といった自らのパーフォマンスの対価として報酬を受け取るという意味です。音楽では、教会付きのオルガン奏者として生計を立てていたバッハから宇多田ヒカルまで、絵画では、売れなくて困窮していたにはせよ、ゴッホもモジリアニもプロでした。日本棋院の棋士はみなプロですし、ヌレエフもプリセツカヤもそうでした。いずれも、言葉も人種も国境も超えて感動を与え続けたプロたちです。しかし、ゴッホが芸術を「商品化」したと言う人はいないでしょうし、テレビが囲碁を「商業主義化」したという非難も聞いたことがありません。スポーツは長く貴族の庇護の元にあったのでアマチュア主義の伝統が残った、と言う人がいますが、音楽もバレエも長く貴族や教会をパトロンとしてきたのです。

スポーツのアマチュア主義は、歴史の中で、崩壊すべくして崩壊したのです。テレビがその「崩壊」に大きな役割を果たしたのは事実ですが、テレビがスポーツを「商品化」した、という感情的な議論には具体的な根拠が欠けているようです。

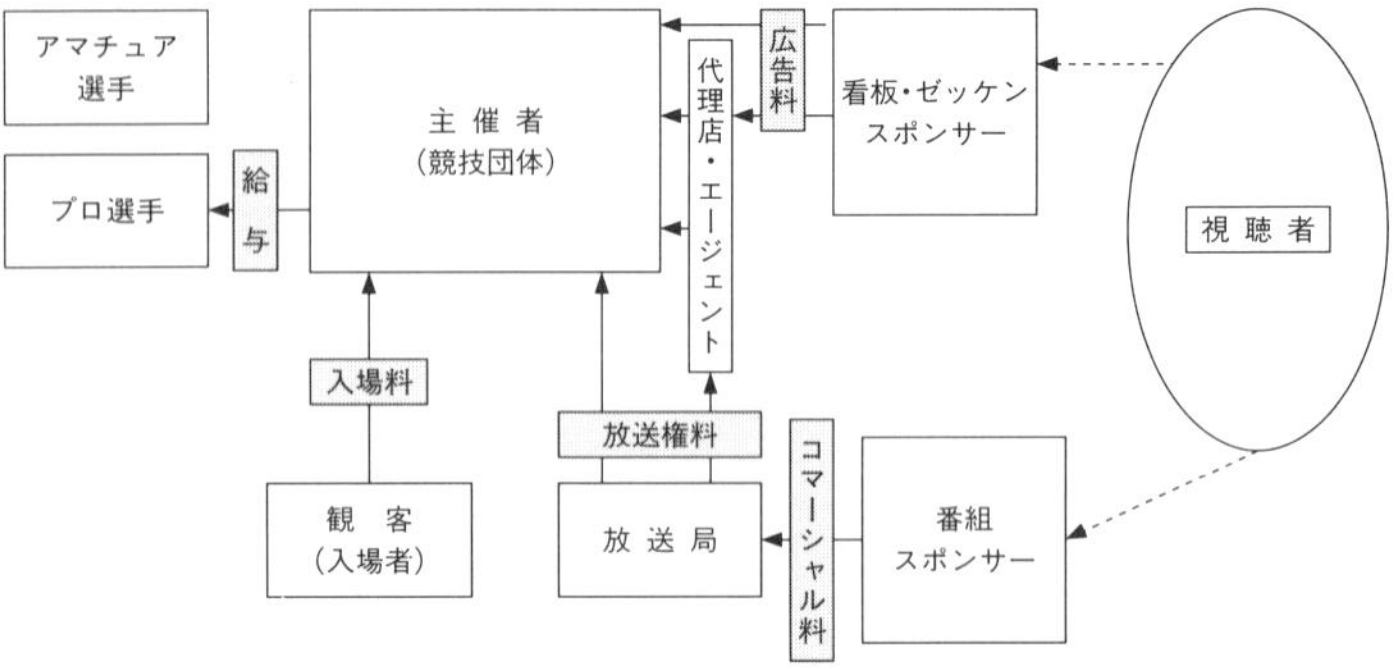

図6　スポーツ・マーケティングによるお金の流れ

■「見せ物」にされたアマチュア選手

図6はスポーツ・マーケティングによるお金の流れの概略を示したものです。競技場内の看板や選手のゼッケンに広告を出したスポンサーからのお金は、スポーツ大会の主催者に入ります。主催者とは、通常はサッカーならサッカー協会とか、水泳なら水泳連盟といった競技団体です。また競技場に来た観客の入場料も主催者の収入です。一方、テレビのスポーツ番組を提供したりコマーシャルを出すスポンサーからのお金は放送局に入ります。放送局はスポーツ大会の主催者に対して、その大会を放送させてもらう代わりに放送権料を支払います。スポンサーや放送局の間で広告代理店やスポーツ・エージェントが仲介する場合もあります。また代理店の側から主催者に働きかけてスポーツ大会を企画することもあります。テレビの視聴者は、スポンサー企業の商品を買った時に、価格に上乗せされたスポンサー代を間接的に支払うことになります。また放送局がNHKであれば、視聴者が受信料として払ったお金が放送権料に充

てられ主催者に支払われます。

お金の流れの矢印をたどると、いずれも主催者つまり競技団体の側に向かって流れていることがわかります。もちろん主催者は競技場の使用料など様々な経費を支出するのですが、それを除きますと、主催者から流れ出るお金は唯一、プロの選手に支払われる給与だけです。スポーツ選手の大部分を占めるアマチュア選手は、「アマチュア」という名前を理由に、スポーツ・マーケティングという経済メカニズムから完全に切り離されているのです。

■「見せ物」になれないスポーツ——南北問題の解消へ——

日本のテレビで最もたくさん放送されるスポーツは野球です。その他、放送時間の多いのはサッカー、ゴルフ、相撲、モータースポーツなど、ほとんどがプロスポーツです。試合に出ることによって選手たちが直接に報酬をもらわないスポーツでは、サッカーの日本代表戦やユース日本代表、バレーボール、バスケットボール、マラソンや駅伝などが、よく放送されるスポーツと言ってよいでしょう。これらの競技はテレビで放送されることにより、スポーツ・マーケティングの仕組みに乗ることができ、競技団体にはお金が入ってきます。一方、水泳や柔道、マラソンや駅伝以外の陸上競技などは人気競技ではありますが、放送される機会はあまり多くありません。さらにハンドボールやフェンシングになると、年に一度の全日本選手権が教育テレビで放送されるだけでしょう。実際には、スポーツ・マーケティングの仕組みに乗れない競技の方が、はるかに多いのです。経済メカニズムが進歩すればするだけ、資本主義の原理に従って競技や競技団体の間の貧富の差が拡大します。国民経済の場合には、政府の財政政策を通じ、累進税率で富む者からより多くの税金を吸い上げ、それを福祉や補助という形で貧しい者に還流するという、貧富の差を補う仕組みがありますが、スポーツ界には、まだそれがありません。

日本のサッカー協会は、ワールドカップ予選やオリンピックの予選の他、親善試合も含む数多くの日本代表戦の放送権料で莫大な利益を上げ、二〇〇三年は百六十二億円もの予算を組み、自前のビルを買って事務所を移転しました。その一方で、原宿の岸記念体育会館に入っている競技団体のなかには、数人の職員の給与支払いに事欠くところもあります。このような状態だからこそ、多くの競技団体が時代に取り残されたと感じ、そのことをアマチュア主義全盛の時代への懐旧の情として表現するのです。

外国でも、当然のことながら、同様の問題が起きています。フランスのオリンピック委員会（CNOSF）は、日本のオリンピック委員会と日本体育協会を併せたような性格の団体ですが、一九七〇年代半ばからスポーツ界全体の放送権料収入を競技団体に再配分しています。フランスの各競技団体は、テレビ局から受け取る放送権料収入の一部を毎年CNOSFに税金のように支払い、CNOSFはそれをすべての競技団体に再配分するのです。このような調整をすれば、日本のように、サッカー協会の一人勝ちという事態は防止でき、弱小団体の困窮も救えます。

増加し続けるテレビの放送権料をはじめ、スポーツ・マーケティングによる経済的な果実をスポーツ界全体で享受する仕組みは、スポーツ界自体が考えなければなりません。放送がスポーツをどう変えてきたかということの本当の意味は、その時に初めて問えるのだと思います。

（藤原庸介）

［注・文献］

1）多木浩二『スポーツを考える』ちくま新書、一九九五年
2）ビデオリサーチ「関東地区平均世帯視聴率、二〇〇〇年九月十五日」より計算
3）ジャック・K・坂崎『フェアプレイ』日経BP社、一九九八年

2・新聞とスポーツの新たな「蜜月」——高校野球からW杯まで——

■空前のスポーツ報道大展開

「最近のスポーツ報道は、すごいですね」。こんな声をよく聞くようになりました。

私自身、かつて長いことスポーツセクションに所属していたのですが、それでも昨今の大展開ぶりには驚かされます。

スポーツ面が、まずすごい。通常でも三、四ページ、高校野球、オリンピック、サッカーのW杯などの時期は、めくってもめくってもスポーツ面という感じです。「朝日はいつからスポーツ新聞になったのか」と読者からお叱りの電話をいただくこともあります。

スポーツ面とともに、一面掲載が飛躍的に増えました。一面は新聞の「顔」であり、その日のトップニュースが並ぶところです。政治、経済、国際、社会などの重要ニュースが目白押しなのですが、そこに、堂々とスポーツニュースが写真付きで扱われる機会が多くなりました。

どうしてこんなにスポーツ報道が増えたのでしょう。何が新聞をスポーツに向かわせているのでしょうか。朝日新聞をケーススタディーに、そのことを考えてみたいと思います。

■記事量は十年間で倍増

スポーツ面や一面がいかに大展開しているかを、数字で立証してみましょう。

表4は、朝日新聞スポーツ面の面数と記事段数を二〇〇三年とその十年前の一九九三年とで比較したものです。プロ野球が開幕し、スポーツシーズンがスタートを切った四月の第二週の一週間（通常期）と、夏の甲子園大会が開幕し、スポーツ面が一番賑やかな八月の一週間（甲子園期）をカウントしてみました。

数字は記事段数です。新聞は一ページ十五段に区切られていて、「10」というのは記事が一頁の三分の二の十段を占めていることを意味します。例えば、通常期の最初の日を見てください。九三

表4　朝日新聞のスポーツ面の面数、段数比較

【通常期】

1993年4月				2003年4月				
13日（火）	10			8日（火）	10	8	10	
14日（水）	10	12		9日（水）	10	10		
15日（木）	10	10		10日（木）	12	10	8	
16日（金）	15	11		11日（金）	15	8		
17日（土）	10	8		12日（土）	10	8	8	
18日（日）	12	12		13日（日）	15	12	10	10
19日（月）	10	11	10	14日（月）	10	15	15	

【甲子園期】

1993年8月						2003年8月						
9日（月）	10	8	13	10		8日（金）	10	8	10	10	10	10
10日（火）	10	8	10			9日（土）	10	8		10	10	
11日（水）			10	10		10日（日）	10	8		12	10	10
12日（木）	10	8	12	10		11日（月）	10	8	10	15	15	
13日（金）	10	8	12	10		12日（火）	10	8	10	10	10	8
14日（土）	10	8	12	10	10	13日（水）	10	8	10	10	13	10
15日（日）	10	8	15	15		14日（木）	10	8	10	13	13	

年のスポーツ面は一頁のみで記事十段、二〇〇三年は三頁で、十段、八段、十段だったことになります。

　さて、一週間分を合計してみますと、九三年の通常期は計十四頁で、百五十一段、二〇〇三年は計二十頁、二百十四段。この十年間で頁数が約四三％、記事段数が四二％増えたことがわかります。

　同様に甲子園期を比べてみましょう。通常のスポーツ面のほかに、高校野球特設面が九三年は十段、八段の二頁、二〇〇三年は十段、八段、十段の三頁ありました。ところ

表5　朝日新聞1面のスポーツ記事数と写真数

	1993年		2003年	
	朝刊	夕刊	朝刊	夕刊
1月	3　P3	1　P1	7　P7	6　P5
2月	3　P3	1　P1	2　P2	5　P5
3月	2　P2	1　P1	――――	1　――
4月	――――	――――	2　P2	4　P4
5月	1　P1	1　P1	7　P5	4　P2
6月	――――	1　――	5　P4	5　P4
7月	3　P3	1　P1	8　P8	9　P8
8月	3　P2	2　P2	6　P5	19　P17
9月	3　P3	2　P2	7　P5	6　P6
10月	5　P4	4　P3	8　P7	4　P4
11月	1　P1	2　P2	4　P4	2　P2
12月	1　P1	――――	3　P2	7　P4
合計	25　P23	16　P14	59　P51	72　P61

どころ不揃いなのは、雨天ため、全試合中止になったり、試合数が少なくて、特設面を減らしたためです。

ですから、単純には比較できないのですが、九三年は二十六頁、二百六十七段、二〇〇三年は三十七頁、三百七十五段、頁数で約四二％、段数で約四〇％増えています。要するに、どちらもこの十年でスポーツ面の記事量が約四割アップしたことがわかります。

表5は、朝日新聞の一面に掲載されたスポーツ記事を一年分拾い上げたものです。一面トップの大きな記事もあれば、一段、二段見出しの小さな記事もあるので、同じ一本にするのはどうかとも思いますが、この際同列でカウントしました。Ｐは写真の意味です。九三年は朝刊に二十五本の記事、写真二十三枚、夕刊は記事十六本、写真十四枚が載りました。それが、十年後は朝刊記事五十九本、写真五十一枚、夕刊記事七十二本、写真六十一枚。夕刊などは記事、写真とも四倍を越えています[1]。いかにすごいかがご理解いただけたでしょう。

実は、スポーツ記事はもっと増えています。十年前にはなかった夕刊スポーツ面が新設されているからです。さらに、スポーツがらみの特集も増え、全部まとめると、十年間で朝日新聞のスポーツ記事量は二倍近くになったといえるでしょう。

■十年間のスポーツ状況

確かに、この十年間でスポーツ状況は激変しました。Jリーグが九三年から始まり、サッカーブームが起こりました。日本代表チームの動向に注目が集まり、高嶺の花だったW杯がどんどん近づいて、ドーハの悲劇、初出場に沸いたフランス大会を経て、二〇〇二年には日韓共催大会が開かれました。中田を皮切りに、有力選手が続々と欧州リーグに飛び出し、世界のなかで暴れまわっています。

一方、人気ナンバーワンの野球にも大きな変化がありました。日本人選手の米大リーグ入りです。野茂がドジャース入りしたのが九五年。その後、イチロー、松井（秀）と日本球界の主砲が海を渡り大活躍しました。世界の桧舞台で脚光を浴びたのはサッカー、野球ばかりではありません。テニスの伊達、沢松、杉山、スピードスケートの清水、ジャンプの原田や船木、複合の荻原、女子マラソンの有森や高橋、陸上や水泳、ゴルフなどでもしばしば世界の頂点に立っています。

もう一つ、忘れてはいけない要因があります。それは、衛星放送の普及です。NHK・BSの本放送が始まったのが一九八九年。地上波ではあまりやらなかった海外のスポーツが積極的に紹介されました。米大リーグ、全米バスケット、アメリカンフットボール、欧州サッカー……。本場の素晴らしいプレーに接し、スポーツ人気はさらに高まりました。

■記録的な視聴率

こうした「スポーツ大人気の時代」ともいえる状況を受けて、テレビの視聴率は好調そのものです。

近年、話題になったのは、二〇〇二年サッカーW杯の時の視聴率のすごさでした。この時の日本−ロシア戦は六六・一％という驚異的な視聴率をあげ、東京五輪の女子バレーボール決勝日本−ソ連戦の六六・四％に次ぐ、スポーツでは史上二番目の高い記録をマークしました。日本戦ばかりではありません。地上波で生中継された四十試合のうち三十二試合が二〇％以上の高視聴率を叩き出し、関係者大喜びの結果になりました。

W杯サッカーばかりか、五輪、サッカーの日本代表戦、ボクシング世界戦、プロ野球日本シリーズ、大相撲、箱根駅伝など軒並みに高い視聴率をマークします。過去四十年間の全局高視聴率番組ベスト五十のなかに、スポーツが二十本も含まれているのです[2)]。

これらの数字が示すとおり、テレビにおけるスポーツの人気は異常なほど高いといってよいでしょう。

では、新聞はどうなのか。「情報メディア白書二〇〇三年版」によると、二〇〇二年の主な閲読記事（東京三十キロメートル圏）はテレビ欄がトップで七七・四％、以下政治五二・九％、社会・事件五二・八％、スポーツ五一・二％と続きます。スポーツは高い部類に属しますが、図抜けているわけではありません。むしろ、年々少しずつ落ちているのです[3]。

朝日新聞社の面別接触率調査でも、一面、テレビ面、社会面は八五％以上と高いのですが、スポーツ面は家庭、くらし、教育面よりも低い七〇・七％に止まっています[4]。

要するに、日本の競技力の国際化を背景として「見るスポーツ」に対する需要が飛躍的に増え、そのことはテレビの視聴率に端的に表れているのですが、だからといって新聞のスポーツ記事が爆発的に読まれているわけでもないのです。それなのに空前の大展開をしているということになります。

ここに、新聞とスポーツの新たな「蜜月」が潜んでいる気がします。要するに、大展開は読者のニーズばかりではなく、別の要因がからんでいるということです。

■新聞の経営戦略とスポーツ

いささかまわりのくどい説明になりましたが、結論を言いましょう。新聞におけるスポーツは、完全に経営戦略に巻き込まれたということだと思います。

そもそも、新聞はなぜスポーツを紙面展開しているのでしょう。四つの要因があるといえます。第一はニュースとして、第二は娯楽として、第三はスポーツの振興・普及として、第四に経営的メリットとして、です。

基本的にはニュース、娯楽としてスポーツを扱っているわけですが、スポーツの振興・普及は、どの新聞も昔から力を入れてきた部分です。朝日新聞に例えれば、高校野球がその象徴でしょう。「社会貢献としてのスポーツ」といってもよいかもしれません。経営的メリットは、主として販売・広告の分野から考えられてきました。しかし、そのためにスポーツを伝えているわけではなく、報道や社会貢献が大前提にあり、それに付随したものという立場だったのです。

そのスタンスがやや変わったのが、二〇〇二年に日韓共催で行われたサッカーのW杯だと思います。この時、朝日新聞は「オフィシャルニュースペーパー」になりました。多額の契約金を払い、W杯という巨大イベントを自社のプロモーション活動に利用できる特権的な立場を獲得したのです。新聞がスポンサーになるのは、W杯では初のことでした。一次リーグから決勝まで全試合で速報号外を発行したほか、開催記念の歌舞伎上演など多彩なイベントを展開し、大会成功に協力しました。大会後に、電通リサーチが調査したところ、朝日がオフィシャルニュースペーパーになったことに約半数が好意を持ち、否定的意見は三%程度だったそうです[5]。

■若者の新聞離れとブランドイメージ構築

こうした新しい試みの背景はいろいろと考えられます。バブル経済崩壊後の長引く不況も無縁ではありません。しかし、新聞における経営課題と密接につながっていると思います。

ここ数年、新聞にとってもっとも深刻な問題は、若者の活字離れ、新聞離れです。日本新聞協会の読者調査によると、二十代は四人に一人が新聞を講読していません[6)]。インターネットの普及などで、ニュースを新聞以外の媒体から得る若者が増えています。

「結婚して子どもができれば、講読する」との見方もありますが、これは楽観的で、いったん読まない習慣がつくと、その後も読まないといわれ三十代の新聞離れが問題になってきています。すなわち、若者の新聞離れは単なる若者の問題ではなく、日本人の新聞離れに発展する恐れがあり、新聞としては重大な死活問題なのです。

さらに、朝日新聞では二〇〇三年度中期経営計画で「朝日新聞ブランドの再構築」を最重点課題に位置づけました。紙面を軸に、他社にはない朝日の強み、すなわち「朝日だからこそ提供できる価値」をより一層明確に打ち出していこうというブランドの再構築です[7)]。

実は、この大きな経営課題を、W杯の「オフィシャルニュースペーパー」はある程度解消しました。若年層に強烈にアピールしたのです。考えてみれば、若者はスポーツ、特にサッカーが大好きです。笹川スポーツ財団の調査によると、スポーツ観戦率がもっとも高いのは二十歳代ですし、二十歳代の男性は、Jリーグや日本代表試合に抜群の関心を寄せています[8)]。この結果「サッカーの朝日」のブランドイメージが確立したといわれています。引き続き、「Jリーグ100年構想パートナー」と称するスポンサーになったのも、サッカーを経営戦略のなかに完全に位置づけたからにほかなりません。

サッカーをさらに拡大すれば、「スポーツの朝日」になります。こうしたことが、十年間で記事量倍増の大展開の裏側にあるのです。

スポーツと経営戦略——これは、どこの新聞も考えているテーマでしょう。よいか悪いかは議論のあるところだと思いますが、スポーツが新聞においてもビジネスチャンスをつくる時代になったということだろうと思います。

（左近允輝一）

［注・文献］

1)スポーツ面と一面の記事調査は朝日新聞縮刷版一九九三年一〜一二月号、二〇〇三年一〜一二月号による
2)テレビの視聴率調査はいずれもビデオリサーチ調べ
3)電通総研編『情報メディア白書2003』ダイヤモンド社、二〇〇三年
4)朝日新聞社広告局『朝日の読者　DATA　BOOK　2003』
5)電通リサーチ「W杯キャンペーン把握調査」（調査時期二〇〇二年六月〜七月、回収数七百三十八人）
6)日本新聞協会「第3回新聞評価に関する読者調査」（調査時期二〇〇三年六月、回収数千三百七十四人）
7)朝日新聞社内報『エー・ダシュ』二〇〇三年五月号
8)笹川スポーツ財団『スポーツライフデータ2002』

3・スポーツの見方は、どこで誰がどのように教えるのか
――メディア・リテラシーの可能性と限界――

■コンピュータでつくられるスポーツ場面

「えっ、一体どうなっているの」と驚くような映像に出会うことがあります。映画『マトリックス』（一九九九年、ラリー&アンディー・ウォシャウスキー監督、キアヌ・リーブス出演）では、スクリーンの中で生身の人間が超人的な動きを見せています。空中のカンフー技や弾丸を身をよじって避けたりと、普通の人間では不可能な動きが展開されます。これはテレビゲーム世代には別段驚くものではないのかも知れません。しかし、CGキャラクターではない生身の人間の動きであるからこそ、我々の想像を絶するのです。

映画のスポーツ・シーンでもこのコンピュータで合成された画面（CGI：computer generated image）が多用されています。例えば、『ピンポン』（二〇〇二年、曽利文彦監督、窪塚洋介出演）という映画で、ピンポン球の動きに驚きを感じた人は多いはずでしょう。

このようなCGI画面は、アカデミー賞受賞作品『フォレスト・ガンプ』（一九九四年、ロバー

ト・ゼメキス監督、トム・ハンクス主演）以来、多用されてきています。主人公フォレストが中国で卓球の試合をしているシーンで、ピンポン球の動きがＣＧＩ合成されていますが、見た目にはそれとわかる人は少ないはずです。メディアによる非現実の妙なのです[1]。

娯楽映画でＣＧＩが用いられるのは、ＩＴ時代として当たり前だと思う人は多いでしょう。しかし、スポーツのテレビ中継でこのような技法が用いられると、いろんな問題が起きはしないでしょうか。

■スポーツ放映のリアリティ――テレビ観戦の方がスタジアム観戦より面白い？――

スポーツのテレビ生中継でもＣＧＩが使われ始めています。二〇〇三年バルセロナの世界水泳大会では、レーンに国旗が映し出されました。当然、プールの底にプリントされているわけではありません。実際にあるはずもない世界記録の予想ラインも画面に組み込まれていました。

サッカーの中継でもこのＣＧＩが使われ始めています。フリーキックでは、十ヤード離れて人の壁を作りますが、その距離は審判の歩測で決められるのが普通です。ディフェンスはできるだけボールの近くに立ってシュートのコースを狭めようとします。この駆け引きの様子を、テレビは十ヤードの仮想サークルを画面に映しだして分かりやすくしています。

オフサイドというサッカーの攻防にとって微妙な仮想ラインは、副審の主観的判断と主審の総合的判断で決定されているのが通常です。このオフサイドラインも、テレビ画面ではＣＧＩで映し出されます。この方がスタジアム観戦よりも展開や状況がよく分かりますⅱ。ここで考えてみましょう。このテレビ中継技法を用いれば、バーチャル広告も可能になります。芝のピッチにCGIでスポンサーのロゴや製品の広告を映し出すことが可能になるのです。

テレビ中継が放映権という経済論理に支配されている限り、テレビ局側は多くの、また多額のスポンサー料を稼がなくてはなりません。それには、テレビ視聴者の目に入りやすい広告技法を用いた方が有利です。サッカーではプレーの中断が少ないし、ゲーム中にCMを入れると視聴者からの不満も多いのです。そこで、ファウルなどでプレーがストップした時に、CGI画面を用いてセンターサークルやペナルティエリアなどに広告を映し出せば、露出効果はてきめんです。

このような事態が進めば、白熱した攻防やその解説が中心ではなく、テレビ局とスポンサーの経済論理に支配された画面づくりが横行してくることになりはしないでしょうか。

テレビは高度の技術に支えられ、スロー再生、ストップモーション、リプレーなどだけでなく、鳥の眼、蟻の眼、キリンの眼になってカメラ位置を切り替えることができるようになりました。スタジアムよりもお茶の間観戦の方が、微に入り細に入り見ることができます。CGI画面も視聴者にわかりやすい映像を届けることができ、その方が見て面白いと感じられることになるのでしょう。

現代社会では、テレビ映像によって伝えられる現実（リアリティ）と非現実のイマージュの境界が不明瞭になっています。つまり、疑似現実がコンピュータによって容易につくり出される時代なのです。スポーツでもＣＧＩによる画面合成などいとも簡単にできてしまい、何が本当のプレーで何が本当でないか、容易に見抜けない時代が到来しつつあるのです。

この根底には「面白主義」に基づいた「視聴率至上主義」という問題があるように思われるのですが、それは一体どういう構造になっているのでしょうか。

■「テレビ視聴率」というお化け

二〇〇三年十月にテレビ界が騒然となりました。日本テレビの「視聴率買収」問題です[3]。日本テレビの番組制作プロデューサーが視聴率調査会社「ビデオリサーチ」の調査対象世帯を興信所を使って割り出し、金品を渡して自分の番組を見るように依頼したのです。この事件は、テレビ界に視聴率至上主義がはびこっている実態を浮き彫りにしました。

各局はなぜ視聴率一％にこだわって番組を制作するのでしょうか。関東地区でのテレビ視聴率一％は、計算上では約十六万世帯に相当します。視聴率はテレビ番組の露出度の指標に過ぎないはずです。しかし、この視聴率という「お化け」は、スポンサーの広告料だけでなく、番組制作陣の給料や次の制作の契約にも関わってくる数字なのです。勢い、各局とも視聴率の稼げる番組づくりをめざしたり、今回のような不正が行われる土壌がつくられていきます。そこで、メディアの倫理が問われることになります。

スポーツ番組も同様の構造をもっています。プロ野球では視聴率が稼げるジャイアンツ戦が一試合あたり約一億円という放映権料で契約されるのも、その中継を皆が見てくれて視聴率を稼げるからです。視聴率が高いということは、広告を見てもらえる機会が多いだろうと想定して、多額の契約料でも多くのスポンサーがつきたがるということです。そうすると、視聴者に人気のない、つまり視聴率の上がらない対戦カードやスポーツ種目はテレビで映してもらえないという事態が生じます。良い番組かどうかは別にして、視聴率というお化けがテレビの番組編成の絶対的な根拠となっているのです。マイナーなスポーツはこうして淘汰されていくことになります。

人気が高いスポーツのテレビ中継でも、視聴者が喜び面白く見てくれる画面づくりを目指さなくては視聴率は上がりません。「面白くなければテレビじゃない」これは一九八〇年代の民放のキャッチフレーズでしたが、今でもそれはモットーとして番組制作の基本方針として引き継がれています[4]。そのためか、最近のスポーツ中継がバラエティ化の一途をたどり、放映されているスポーツとは無関係なお笑いタレントを呼んでしゃべらせる番組づくりがはびこっています。なかには、コメンテーターというよりも絶叫する応援団というような人もいますし、無意味な形容詞を乱発して選手を面白おかしく紹介するアナウンサーもいます。スポーツの攻防や異能集団の高度な技術を見る目も解説する力もない出演者に対する批判がありますが、テレビ局側はこの「面白主義」にこだわっているようです。それは「面白いと視聴率が稼げる」という暗黙の前提に立っているからです。

視聴率は、そのスポーツ中継が良いか悪いかの指標ではありません。このことに気づく人が何人いるのでしょうか。またそれは、映されたスポーツ文化の愛好者の数を示す物差しでもありません。「面白主義」を是認するテレビ視聴者を再生産している数値であることを認識して欲しいものです。

■テレビ体験の実感的確認──いったい何が現実《リアリティー》?──

国立競技場のグラウンドを見て「すごーい、テレビで見たのと同じだ」という感嘆の声が上がる。これは何か変です。これを変だと思わない人も、また変なのです。

一体何が現実(リアリティ)なのでしょうか? 目の前の現実を理解するのに、自分自身の眼で国立競技場のピッチを実際に見たという実体験がベースになっているのではなく、「以前にテレビで見た」という過去のテレビ視聴体験に合わせて、目の前の事態を確認しているだけなのです。これでは、メディアが作った現実(非現実というのが正しいのですが)を自分の実体験で裏打ちさせているにすぎません。ここには、現実と非現実の逆転現象が起きているのです。

そのためか、スポーツ観戦に出かけても、携帯のテレビやラジオの解説がないと、目の前のプレーや試合展開が理解できない人が増えてきています。これでは、自分自身の観戦体験をベースにして楽しむことも批評することもできなくなってしまいます。サッカーグラウンドのどの局面に視線を集中して観戦すればよいか、自分で自由に注視する対象を選択できるのに、それができなくなってしまいます。これは、テレビ映像で既に誰かの眼で構成された非現実の映像に慣れ親しんでしまった結果なのです。こうして、メディアによる受動的なスポーツ観戦者が多く生み出されていくことになります。

このように、テレビメディアとスポーツの間には多くの問題がありますが、テレビ視聴者は一体どうすればよいのでしょうか？　こんな今、「メディア・リテラシー」ということが着目されています。

■メディア・リテラシーとは

メディア・リテラシーとは、「市民がメディアを社会的文脈でクリティカルに分析し、評価し、メディアにアクセスし、多様な形態でコミュニケーションを創りだす力を指す」[5)]といわれています。これは、メディアによる単なる情報の受け手としての視聴者（オーディエンス）から情報の批判的読み手（クリティックス）へと立場を変えられる力を身につけることなのです。そのような立場には、基本的に「メディアは現実を構成する」という自覚を伴うことが重要です。

スポーツのテレビ報道でも、今自分が目の当たりにしている映像は「メディアによってつくられているのだ」という立場に立つ必要があります。こうして、メディアから意味を読み取り、制作者たちのイデオロギーや価値観を切り取り、社会的な意味を読み取ることが重要となってきます。スポーツへの価値観やイメージも、メディアによって暗黙のうちに形成されているからです。

よく考えてみると、メディアが既に誰かの目を通して見られた世界を映し出していることは明らかです。スポーツのテレビ中継でも、その構造は変わりません。スポーツ中継ではカメラは十数台用意され、同時に撮影されています。番組ディレクターはその多様なカメラ画面を自分の意図で選択してスイッチャーに指示します。こうして、瞬時に画面が切り替えられていきますが、アナウンサーと解説者はディレクターと綿密にコミュニケーションを取りながら実況放送していきます。

このように、テレビ画面に映し出されるものは、何人もの眼を介してお茶の間に伝えられています。このような「メディアによって構成された現実」というものに、しっかりと気づく態度と目を養うこと、それが「メディア・リテラシー」というものなのです。

■スポーツ・メディアとの付き合い方

世界中の人気スポーツイベントが、テレビで視聴者のもとに届けられています。しかし、素晴らしいプレーを見て、ただ「感動した」という一言ですべてを済ませないことが重要です。なぜなら、「感動した」という一言は、すべての批評を隠蔽し、見たこと、知ったこと、思ったことや共感したこと、あるいは分析的に理解したことなどを霧散させ、見る眼を放棄させることに通ずるからです。

メディアは、テレビなどを通して「感動」を茶の間に押しつけようとします。そこでは、過程ではなく最終的な印象を視聴者に強要することになります。その結果に至るまでの過程、歴史性や文化性、価値観や哲学、あるいは科学的裏付けなどが捨象され、多面的な報道を放棄し、手抜きとも

高橋　マラソン金

陸上女子初の頂点

五輪最高記録

2時間23分14秒

【シドニー支局24日】第二十七回夏季オリンピック・シドニー大会第十日は二十四日、18競技があり、陸上の女子マラソンで高橋尚子（積水化学）が2時間23分14秒の五輪最高記録で優勝、陸上の日本女子初の金メダルを獲得した。

Sydney 2000

第10日

日本勢の陸上での金メダルは、一九三六年ベルリン大会で田島直人が男子三段跳びで勝ち、当時日本の植民地支配下にあった朝鮮半島の孫基禎が日本代表として男子マラソンを制して以来、六十四年ぶり。

日本の金メダルは今大会五個目で、八八年ソウル大会の四個を上回り、最近四大会では最多。ベルリン大会に次ぐ歴代八番目となった。

女子マラソンでの日本のメダル獲得は九二年バルセロナ銀、九六年アトランタ銅の有森裕子に続き三大会連続。山口衛里（天満屋）は2時間27分3秒で七位、市橋有里（住友VISA）は2時間30分34秒で十五位だった。

男子ハンマー投げ決勝に出場した室伏広治（ミズノ）は73メートル60で上位八人による4投目以降に進めず、九位に終わった。優勝は80[illegible]のシモン・ジオルコフスキ（ポーランド）だった。

ボートで日本勢として初の決勝に臨んだ男子軽量級ダブルスカルの武田大作（ダイキ）、長谷智（中部電力）組は6分29秒74で六位だった。

シンクロナイズド・スイミングが始まり、日本の立花美哉（井村シンクロク）、武田美保（同）組はデュエットのテクニカルルーティンを終えて二位に付けた。

五輪ニュース

ハンマーの室伏9位どまり　センターA 22

野球準決勝はキューバと「再戦」　B 23

シンクロ・デュエット2位発進

（女子マラソンはセンターA・B、38・39面にも関係記事）

難コース克服。「すごく楽しい42キロでした」

運動部　恵藤　公浩

シドニーの春の日差しと、大歓声に迎えられた。両腕を突き上げ、フィニッシュラインに飛び込む。勝負どころの35キロ過ぎから時折見せた苦しそうな表情は、みるみる笑顔に変わった。

「すごく楽しい42キロでした。うれしい気持ちで走れた。沿道の声援が背中を押してくれました」

これが五輪史上最大の難コースと呼ばれた上り下りが激しいマラソンを制した女性なのか。けろりとした表情で、場内を一周した。そして記者会見でもあっけらかんと言い放つ。

「金メダル？　実感わきません。それよりも、これで目標を果たし、目指すものがなくなった。終わっちゃった、と思うと寂しい気がするんです」

日本陸上界の戦後初の輝かしい金メダル。「寂しい」という表現をした日本の金メダリストもまた、初めてだろう。

この一年、引きずってきた影がある。昨夏、スペイン・セビリアで開かれた世界選手権に出場できなかったことだ。

世界最高記録を出せるほどに仕上がっていた。だが、直前に故障。「途中で倒れてもスタートはしたい。ダメになっても、ここでダメだったというものが欲しい」。最後までもがいたが、結局、小出義雄監督と話し合い、棄権を決めた。

華やかな舞台の前で、主役女優は役を降りた。心は着地点をなくした。前向きになるには時間がかかった。追い打ちをかけるように市民レースで転倒し、手首を骨折するアクシデント。そして体調不良。選考レースとなる名古屋国際マラソンを乗り越えても、今度はシドニー五輪に向かう重圧との戦いがあった。

米コロラド州ボルダーで練習を続けてきた。「一日だけ、逃げ出したくなった時があった」という。六月、練習開始前「監督、後ろにスタートして逃げてもいいですか」と真顔で聞いたという。

強い選手だ。一年間のもがき。それも結局、スタートラインに立ったときの喜びに変えてみせた。

お守りの中に、入れたものがある。小出監督が書いた近著の締めの言葉だ。「高橋は本当によくつらい練習に耐え、強くなってくれた。（中略）あとはまさに、天命を待つ心境である」。監督に認めてもらった喜びをお守りに秘めてのスタートだった。

「そのうち2時間18分で走れる」。小出監督は高橋の可能性についてそう断言してきた。強さの秘けつは、その心肺機能の強さにある。脈は1分間に35～42回だ。163センチ、47キロのほっそりした体に、力強く血液を送り出す強じんな心臓。「高橋尚子が五〇〇〇ccのエンジンを積んでいる」という小出監督の表現もあながち、大げさではない。

無類の練習好き。「他の選手の倍は食べる」と自ら公言するおう盛な食欲が、猛練習に耐える体をつくる。

五輪の金メダルという目標達成で燃え尽きてはいない。「寂しい」といったそばから「明日も変わらず、このまま走り続けたい。楽しい気持ちをもって」。「次には海外のレースにも出たいし、今度はタイムを狙って走ってみたい」といった。

世界最高記録はテグラ・ロルーペ（ケニア）が持つ2時間20分43秒。喜びをかみしめたあと、初の2時間20分を切るランナーを目指しての挑戦が始まる。

1位でゴールする高橋尚子。後方は2位のシモン／撮影・円羽敏通＝24日、五輪スタジアムで

日本の五輪陸上競技メダリスト

1928年アムステルダム		
織田幹雄	金	（男子三段跳び）
人見絹枝	銀	（女子800㍍）
32年ロサンゼルス		
南部忠平	金	（男子三段跳び）
南部忠平	銅	（男子走り幅跳び）
西田修平	銀	（男子棒高跳び）
大島鎌吉	銅	（男子三段跳び）
36年ベルリン		
田島直人	金	（男子三段跳び）
田島直人	銅	（男子走り幅跳び）
※孫　基禎	金	（男子マラソン）
原田正夫	銀	（男子三段跳び）
西田修平	銀	（男子棒高跳び）
大江季雄	銅	（男子棒高跳び）
※南　昇竜	銅	（男子マラソン）
64年東京		
円谷幸吉	銅	（男子マラソン）
68年メキシコ		
君原健二	銀	（男子マラソン）
92年バルセロナ		
森下広一	銀	（男子マラソン）
有森裕子	銀	（女子マラソン）
96年アトランタ		
有森裕子	銅	（女子マラソン）
2000年シドニー		
高橋尚子	金	（女子マラソン）

〈注〉※は当時日本の植民地支配下にあった朝鮮半島の出身

はんらんする「感動」（朝日新聞、2000年9月25日朝刊）

いえる画像を視聴者に伝えることになります。いわば、スポーツ報道を通じた「感動の押し売り」という事態が進行しているともいえるのです。このようなメディアの現実に気づく目を養うこと、それが「メディア・リテラシー教育」の一つの目的でもあるのです[6)]。

このように、スポーツ映像に介在するメディア側の「他者の目」を自覚し、批判的にスポーツを見ること、ひいては、いつか素晴らしいスポーツ報道や中継ができる能力を身につけること、これが本当のスポーツのメディア・リテラシーの可能性なのです。

しかしここで、「いったい誰がその『感動』を求めているのか?」と問う必要があります。実を言えば、我々視聴者こそが、スポーツ映像に対して「見て面白いもの」「見て興奮するもの」を要求し、報道側の「感動」の押し売りを容認している張本人にほかならない、という構造が存在しているからです。

このような事態に自覚的な人は、既にメディア・リテラシーの能力を身につけている人なのです。また、ここまで読んできて、メディアの構造を理解できた人もある程度そのような能力を身につけているはずでしょう。しかし、どこでこのメディア・リテラシー教育は行われているのでしょうか。

■メディア・リテラシー教育の限界

「メディアが構成する現実を多面的かつ批判的に読み解く力を持つこと」がメディア社会におけ

る民主主義の根幹に関わるものであるという考えから、メディア・リテラシー教育が重要視されてきています[7]。

しかし、現在の学校教育では関心ある教師たちが、国語、社会、倫理、音楽、「ゆとり」の時間、家庭などの時間で、新聞、テレビなどに関するメディア・リテラシー教育を自主的に実践しているに過ぎません。ＩＴ時代、情報教育への関心は高いのですが、メディア・リテラシー教育への取り組みは十分ではありません。ようやく「総合的な学習の時間」でメディア・リテラシー教育が実施され始めたようですが、まだ心ある教師たちの自主的な試みに止まっているのです。

そのため、生徒たちがメディア問題に関心があっても学校で学ぶ機会は限られています。いきおい、メディア問題は自分で学ぶしかありません。最近はインターネットを利用した自主的な学習が可能になりました。しかしながら、このような学習では、メディアが作る（非）現実をクリティカルに読み解くことが中心となります。これで、つくり手の意図にどれだけ肉薄できるのでしょうか。

「見るスポーツ」、特にメディア・スポーツの場合には、カメラマンやディレクター、監督といった映像の制作者たちの目を介していること、そのことによって制作サイドの意図によってフィルターがかけられてスポーツ現実が構成されていることに注意が払われなくてはなりません。そのような構造を生徒自身が実感的に理解していくには、やはりビデオなどを用いて自分で撮影し、編集して、自分の意図を他人に伝えるという制作の実践が必要になります。

「見るスポーツ」は、我々「見る人」のほかに「見せる人」が介在して、「見せられるもの」が立ち現れてくるという構造になっています。そのことを自覚することによって、スポーツ映像のメタ・テクストに配慮することができるようになります。それが、メディア・スポーツ映像解釈のフレーム・ワークとして機能しているのです。見るフレームとつくるフレームの両方を理解する必要があります。

メディア・スポーツには種も仕掛けもあります。しかし、テレビはその舞台裏を映しません。そのことは、映すべきものも映さないという事態さえあり得るということです。つまり、ありきたりの映像を流すことによって、本来は問題とすべき事象などを隠しているという事態さえ起こりうるのです。例えば、二〇〇二年ソルトレークシティ冬季大会は、二〇〇一年九月の全米同時多発テロ後の世界的イベントとしてアメリカの威信をかけて開催されました。開会式では、ブッシュ米大統領の登場もあって、会場の警備は空前絶後の規模で展開されました。しかし、テレビ映像はそれをほとんど映し出しませんでした。上空を飛び回る警備ヘリコプターさえ映し出しませんでした。これでは、テロに対する厳戒状況下で執り行われた当時の開会式の現実が、世界の視聴者に正確に伝えられたかどうか疑わしくなります。

こうして、自分だけで学ぶ限界を自覚するとともに、メディアサイドの意図や仕掛けを学ぶ難しさがわかります。メディア・リテラシーには制作的なシミュレーションを必要としますが、これがなかなか難しい状況にあるのです。

（舛本直文）

【注・文献】

1)この合成シーンの作り方は『フォレスト・ガンプの謎』というビデオに収められている。

2)しかし、このラインを画面に組み込む技術者が、どれだけサッカーのルールに熟知しているか、あるいはFIFAのオフサイド・ルール解釈やルール変更にどれだけ熟知しているかは別の問題である。

3)朝日新聞　二〇〇三年十月二十五日付朝刊、二〇〇三年十一月一日付朝刊、「視聴率の重大カラクリ」『AERA』所収、朝日新聞社、二〇〇三年十一月十号、七二～七三頁

4)この「面白くなければテレビじゃない」とは、フジテレビの番組制作の基本方針であり、現在でもモットーとされている。http://www.fujitv.co.jp/jp/pub_info/pub/01-4 参照。

5)鈴木みどり『メディア・リテラシーの現在と未来』世界思想社、二〇〇一年、四頁

6)舛本直文『スポーツ映像のエピステーメー』新評論、二〇〇〇年、一七～一八頁

7)前掲書5)、ii頁

4・スポーツ映画にみる倫理問題

メディアとしての映画は、制作者たちの意図を確実に表現するために綿密に計算されてつくられています。飽くなき挑戦を続けるアスリートとしての生き方や人生観、彼らを取り巻く人種差別などの社会問題、ドーピングに見るような人間的な弱さなど、様々なテーマのもとに、芸術的にまた

娯楽的にスポーツ映画もつくられています。そこで、映画を楽しみながらスポーツを倫理的に考えることもできます。映画制作や表現上の慣習のなかに暗黙のうちに様々な倫理的な問題がはびこっている場合もあります。

このようなメッセージを読み解いていくには、映画のストーリー（テクスト）だけに引きずられないで、描かれている時代の社会的文脈（コンテクスト）に応じながら、映画の記録性や娯楽性、あるいは芸術性といった映像制作とそれを見る構え（メタ・テクスト）に配慮しながら、クリティカルに読み解いていくことが必要になります[1]。

■スポーツ映画にみる人種問題

『タイタンズを忘れない』（二〇〇一年、ボアーズ・イエーキン監督、デンゼル・ワシントン主演）は、一九七〇年前後のアメリカ公民権運動当時のスポーツを取り巻く状況を描いています。白人と黒人の高校の統合政策のため、フットボールチームも統合されます。チーム内には黒人対白人の対立が生じていきます。そこでヘッドコーチに就任した黒人コーチのブーンが独裁的にチームづくりを進めていきます。元ヘッドコーチであった白人のアシスタントコーチであるヨーストは暖かく指導していきますが、メンバーだけでなくコーチの間にも対立が生じます。

ゲチスバーグ大学での合宿は、その土地柄からして重要な仕掛けとなっています。この地は南北戦争の激戦地であり、リンカーン大統領が「ゲチスバーグ宣言」をした場所だからです。これは、

スポーツ映画に倫理的な問題が潜在していることがある

黒人対白人という対立構造を南北戦争時代からいまだに強固に引きずっているという表現なのです。この合宿では、一枚のポスターを部屋の壁に貼ったことで、同室のゲリーとジュリアスの間で喧嘩が生じますが、そのポスターにも重要な意味が隠されています。それは一九六八年メキシコ五輪大会の二百メートルの表彰台で二人の黒人選手が拳を突き上げて人種差別に抗議しているシーンだからです。

　この後、スポーツは人種差別を超える力を発揮していきます。白人リーダーのゲリーは黒人リーダーのジュリアスと互いを認め合い、友情を育みます。ラストではコーチ二人も互いを認め、助け合って勝利をつかみます。ハリウッド映画に典型的なエンディング、「ラストは大試合で大逆転の大勝利」というハッピーエンドのパターンを見事に踏襲しています。これが娯楽映画制作のメタ・テクストなのです。

ここで物語展開を詳しく分析してみると、白人たちが偏見を持っており、それがフットボールの力によって偏見が取れていき、黒人たちに近寄っていくという構図になっていることが分かります。映画の挿入歌もソウルミュージックに白人たちが感化され、一緒に歌うという手法が取られています。黒人サイドが白人サイドに近寄っては行かないのです。

アカデミー賞四部門を受賞した『炎のランナー』（一九八一年、ヒュー・ハドソン監督、ベン・クロス、イアン・チャールスン主演）では、ハロルドとエリックという実在の主人公二人が、それぞれ「ユダヤ人差別を見返すため」「神の喜びのため」に走りました。舞台は一九二四年パリオリンピック大会、二人とも英国のエリート大学生です。

この映画の見所は、主人公二人が人生のハードルに立ち向かい、それを乗り越えていくというテーマにあります。ハロルドはケンブリッジ大学のエリート学生ですが、ユダヤ人差別という障害を乗り越え、本当の英国人として認められていく過程が描かれています。ラストで、ユダヤ人であるハロルドの葬儀が、英国上流階級の英国国教会で執り行われたことがそれを象徴しています。この葬儀の後、友人のアンディが「彼は勝ったHe did it!」とぽつりとしゃべります。一体何に勝ったのでしょうか。

エリックはエジンバラ大学の学生であり敬虔なスコットランド教会派の宣教師です。神のために走ることを信条としていますが、パリ大会の百メートル予選が安息日の日曜日に行われることになり、出場を拒否します。英国皇太子の説得にも頑として応じず、自分の信念を貫きます。結局、アンディに四百メートル走の出場権を譲ってもらい優勝しますが、神の喜びのために天を仰ぐかのように走るのです。彼はまさにマスキュラー・クリスチャン（筋肉逞しいキリスト教徒）として描かれています。

また、英国の大学エリート教育とアマチュアリズムの問題も描かれています。プロのコーチであるムサビーニを雇って練習をするハロルドと、それを批判する大学当局の確執も見物です。

この映画の制作では、ケンブリッジ大学は校舎の撮影を許可しませんでした。実在する貴族のオリンピアンたちの何人かは、この映画に名前を出すことを拒否しました。ここに、英国階級社会における映画という文化の位置づけの低さがうかがい知れるのです。

スポーツにおける人種差別は黒人やユダヤ人だけに向けられたものでしょうか。『ロンリー・ウェイ』（一九八三年、エバリット監督、ロビー・ベンソン主演）は、一九六四年東京オリンピック大会の一万メートル走で優勝したビリー・ミルズの半生を描いた作品です。

ビリーはスポーツ奨学生としてカンサス大学に入ります。インディアンのオグララ・スー族と白人の混血であるがために、有形無形の偏見と差別を受けますが、恋人パットと妹の支えを受けて走ります。校友会のパーティにも加えてもらえず、コーチやスポンサーに利用されているという思いから、走ることが楽しくなくなり成績も下がります。コーチと対立して大学を辞め、故郷の居留地に帰りますが、そこで友人フランクと遊びながら走ることで、再び走る喜びを見い出します。フランクの自殺後、再び居留地を出て海兵隊に入り、予選二位で全米五輪代表に選ばれます。東京オリンピック大会ではまったく無名でしたが、走行妨害されながらも「世紀の大逆転」と呼ばれる偉業を成し遂げます。

エンディングの歓迎パレードでは、老インディアンの姿が大写しで映ります。ビリー夫妻はオープンカーに乗って白人社会の方に進んでいきますが、この老インディアンはただ一人逆の方向にゆっくり歩き去っていきます。ここには、孤高で誇り高きネイティブ・アメリカンとしての彼らの生き方が象徴的に描かれているのです。ビリーはその人が気になり何度も振り返ります。ビリーは家族のため、部族のために走ることで自己のアイデンティティを確認したといえますが、彼は他のインディアンの人々とは別の存在であったことが、この謎の老人の姿は象徴しています。大多数のインディアンの人たちは不遇のまま居留地に止まっているからです。

この映画のコンテクストとして、一九七〇年代以降「全米インディアン運動」がMLB、NFL、NBAに対しインディアンを侮辱するようなチーム名やニックネーム、応援のしかたなどを止めるように抗議をしていました。さらに、インディアンの自立運動の一環として、この映画はカナダのアルバータ州エルミネスキン・インディアン部族によって資金提供されて制作されました。北米インディアンの地位向上・解放運動の一環として、初めて映画に投資されたのです。

■スポーツ映画に描かれた不正問題

トップアスリートたちは、どうして薬物に手を出してまで勝とうとするのでしょうか。何のためにスポーツするのか。このスポーツの目的への問いは、人間存在への根源的な問いにもつながります。楽しみのため、勝つため、自己表現するため、などの答えが返ってきそうです。

勝たないと存在が認められなかったり、スポーツ界から干されていく社会構造が見られます。そのような厳しい社会では「勝利至上主義」が当然視され、勝利の見返りとして、精神的・物質的な報酬を手に入れることができます。そのうちに、勝つことが目的にすり替わり、「何が何でも勝たねばならない」という「勝利至上主義」社会に行き着きます。勝つために手段も選ばない事態になると、「命を縮めることが分かっていても、薬に手を出す」という事態が生じてしまうのです。

エリスロポエティン（EPO）やテトラハイドロゲストリノン（THG）のような新しい薬物が、ドーピング検査をかいくぐろうと開発されています。ヒト成長ホルモン（hGH）の使用も疑われています。IOCやWADAは反ドーピング運動を一所懸命展開していますが、選手やコーチと検査側のいたちごっこが繰り返され、ドーピングは未だに根絶されていません。そこには一体どのような選手の心理や社会構造が伏在しているのでしょうか。

『フィニシュ・ライン』（一九八九年、ジョン・ニコレラ監督、ジョッシュ・ブローリン主演）はトップ・アスリートが薬物に染まっていく心情を描いています。オープニングとエンディングで子ども時代のかけっこが映し出されます。主人公グレンが勝つと父親が抱き上げて祝福しています。既にこの時から父が喜んでくれるから走っていたのでしょうか。それとも、純粋に楽しいから走っていたのでしょうか。

グレンは白人の四百メートルランナーとして、友人のティトと一緒に陸上競技の名門パシフィック大学にスポーツ奨学生として入学しますが、強豪揃いのチームメイトに押され記録が伸び悩みます。オリンピック代表になるため、勝たなくては意味がない世界にどっぷりと浸かり、走る目的が見えなくなります。父親は、建築デザイナーとしてコンペで競い、勝たなければ意味がないという競争社会の原理を息子に見せつけます。コーチからの期待、父親の叱咤激励、ライバルへの焦りから、とうとうグレンはステロイドに手を出してしまいます。友人のティトは、そのことを知り「楽しいから走るんだ」と諭しますが、結果は、薬物のために命を落としてしまいます。簡単にドラッグが入手できる社会も問題ですが、勝たねば干されてしまうというトップ・アスリートたちが追い込まれた状況、そこで若者がドラッグに手を出す心情がうまく描かれています。

このような勝利至上主義の原因は一体何なのでしょうか。地位や名誉、あるいはお金なのでしょうか。その答えの一つがスポーツ医学者の言葉です。彼は言います「テレビだ」と。テレビを見る視聴者の興奮や期待を裏切らないプレーぶりが必要とされ、我々視聴者がスポーツに過剰な期待をかけすぎてスポーツを変質させた、と作者はこの医者に言わせているのです。子ども時代のかけっこの象徴的意味と「ドラッグはスポーツの一部だ。それは人類の可能性を拡げる」という意味の医者の発言も大いに考える必要があります。

この映画の公開は一九八九年。一九八八年ソウル五輪大会のベン・ジョンソン事件の直後でした。ドーピング問題は現在ではますます深刻なものになっています。命を賭けてまでスポーツで勝とうとする時代の到来です。それは人類の可能性を拡げているのでしょうか。

『クール・ランニング』（一九九三年、ジョン・タートルトーブ監督、レオン主演）は、南国ジャマイカのボブスレーチームが一九八八年カルガリー冬季五輪大会で活躍した実話に基づいた喜劇映画ですが、単なる喜劇映画ではありません。ここにはクーベルタンの格言「オリンピックで重要なことは、勝つことよりも参加することである……」を実感的に理解できる物語が展開します。

この映画で特に注目したいのは、スポーツの不正行為（チーティング）の問題です。ジャマイカ・チームのアーブコーチは昔ボブスレーの名選手でしたが、ソリに重しを隠して乗せるという不正をして追放されていたのです。彼のこの過ちによってジャマイカ・チームが不当な差別を受けることになります。彼は罪は自分にあるので選手たちに不当な妨害をしないように抗議し、予選通過が認められます。コーチのアーブは、彼が不正を働いたのは、勝ち続けることの難しさと勝たねばこのスポーツの世界から干される怖さからだったとデリースに打ち明けます。

引き続き、コーチはデリースに「勝つことよりももっと大切なことがある」「それはゴールしたときに分かる」と言います。デリースたちはゴールで一体何を見たのでしょうか。勝つことよりも大切なこととは一体何なのでしょうか。オリンピックの本当の喜びとは一体何なのでしょうか。

■スポーツ映画にみる「ユーロセントリズム」

『クール・ランニング』という映画には、前述したオリンピズムという思想やチーティングの問題だけでなく、是非とも考えて欲しい重要な問題がもう一つ描かれています。それは南国ジャマイカの人たちが北国の氷のスポーツであるボブスレーをするというギャップにあります。誰もそのような突飛なことは信じられないと、笑い飛ばしたりびっくり仰天したりします。予選会への出場登録の役員の対応だけでなく、自国ジャマイカの人々からも相手にされません。

ここで気づいて欲しいのは、オリンピックに見られる「ユーロセントリズム」という西洋中心主義の問題です。夏の大会もそうですが、特に冬の大会の種目はヨーロッパで行われているものが中心です。つまり、オリンピックでは地理的に南国の人々には不利な競技がまかり通っているわけです。このような地政学的力学は、IOC委員の構成にもはっきりと表れています。さらには、オリンピックのようなメガ・イベントを開催できるのも富める国が多い西洋に偏っていますし、テレビ放映権などメディアパワーも西洋が中心なのです。このことはサッカーのワールドカップでもいえます。ヨーロッパで人気のないローカルな競技はオリンピックなど頂点のスポーツ・イベントでは顧みられないのです。

『ザ・カップ　夢のアンテナ』（一九九九年、ケンツェ・ノルブ監督、ウゲン・トップゲン主演）というブータン映画があります。一九九八年フランス・ワールドカップを題材に、インド北部の亡命チベット仏教の僧院で繰り広げられる物語です。何とかしてワールドカップの決勝戦をテレビで見ようという修行僧たちと、それを温かく受け入れる先生や院長たちのほのぼのとした物語です。この映画では、「執着」や「煩悩」などに関するチベット仏教の教えや亡命チベット政府を巡る国際政治が端々に描かれています。

ここで着目して欲しいのは、このように辺鄙な北インドのチベット僧院の中にも西洋文化の波が押し寄せていることです。文化のアメリカ化は、コカコーラの缶を蹴ってサッカー遊びに興じる修行僧たちや、ラマ教の占い師がコーラの缶をロウソク立てに使っているシーンに象徴的に表現されています。このような田舎に衛星放送のアンテナを組み立て、ワールドカップ・サッカーという西洋中心のスポーツを見ようという物語展開は、ユーロセントリズムとそのローカリズムの出会いをうまく表現しています。しかも、ただ単に西洋を受容するのではなく、そこに仏教的で「執着」や「煩悩」といった人間の原罪を相対化するローカルな悠然と流れる時間が描かれています。スポーツも含めたユーロセントリズムという強固な地政学の力学を相対化する仕掛けが、ここにあるのかも知れません。

■スポーツ映画に見るジェンダー問題

スポーツとエロス、その関係は映画ではどのように描かれるのでしょうか。スポーツを取り巻く男女の恋愛関係は、昔からよく小説や映画の題材となっています。しかしながら、その男女関係は、どちらか一方が他方を励ますことで勝利の支えとなるという構図が一般的です。

スポーツとエロスの関係は、そのようなヘテロセクシャルなものだけではないはずです。ホモセクシャルな人間関係にあっても互いに励まし支え合うことによって「生きる実感」を得ながらスポーツを楽しむことも可能ではないでしょうか。ホモセクシャルな人間関係がタブー視される文化コンテクストにある日本では、「ゲイ・ゲームズ」というアメリカやオーストラリアなどのスポーツ競技大会もあまりニュースに上りません。

『マイライバル』（一九八二年、ロバート・タウン監督、マリエル・ヘミングウェイ主演）は、クリスとトリーの二人の陸上女子五種競技の選手同士がホモセクシャル関係になりながらも、最後には友人として互いに励まし助け合う姿を描き出した作品です。

この映画では、若い女性たちの訓練する強靭な身体がエロティックに描かれています。注目して欲しいのは、彼女たちの競技者としての身体のエロスは、男性の視線（メイル・ゲイズ）から捉えられ、映し出されていることです。二人が砂浜を喘ぎながらダッシュして登るシーンでは、カメラは男性の視線で二人の美しい身体をなめていきます。スポーツの世界は競技の言葉からして男性言語であり、ジェンダーの役割が固定化されやすい世界です。映像化される身体のエロスもジェンダー文化ということを免れないのです。映画の後半に登場するクリスの恋人デニーは、男性として女性をいかに注視するかという代表的な存在として描かれているとも考えられます。

『チアーズ！』（二〇〇〇年、ペイトン・リード監督、カースティン・ダンスト主演）という映画は、チアーリーダーに対するジェンダーの問題も描いています。女性チアリーダーたちの身体はすべて他者、特に男性たちから見られるものであるという前提から映し出されているといっても過言ではありません。ここでもやはり、男性の視線というものの強固なまでの存在を感じ取ることができます。

さらに、男性チアリーダーに対しては、特にフットボール・プレーヤーたちのマッチョな存在と対照的に描くことによって、軟弱な存在であるという固定的な性役割を押しつけています。このようにして、スポーツにおけるチアリーダーたちの存在と性役割が再生産されていくのです。

では、女性監督によるスポーツ映画ではジェンダー問題はどのように描かれているのでしょうか？『プリティ・リーグ』（一九九二年、ペニー・マーシャル監督、トム・ハンクス、ジーナ・デイビス主演）では、一九四三年、戦争中のアメリカで結成された全米女子プロ野球リーグの女性たちのプレーを描いています。メジャーリーグは男性が占有するスポーツですが、女性たちのプロ野球があった史実に基づき、汗と涙、あるいは怪我と埃にまみれて白球を追いかける女性たちの力強く、かつ美しい身体を女性監督の目で描き出しています。

『ガールファイト』（二〇〇〇年、カリン・クサマ監督、ミシェル・ロドリゲス主演）は、一人の女性ボクサーが成長していく姿を描いています。ここでは、家族や学校に怒りを持ち、それを外に発散できないダイアナが主人公です。彼女はその怒りをボクシングに見い出します。さらに自分の存在を確認していくことで人にも優しくなっていきます。彼女の恋人であるエイドリアンとの仲も、そのような優しい関係として描かれます。最後にこの男女二人は、リング上でグラブを交えて闘うことになります。このように、別にボクシングというスポーツは男性占有のスポーツではないのです。

『恋はハッケヨイ！』（二〇〇一年、イモジェン・キンメル監督、シャーロット・ブリテン主演）は一風変わった女相撲の映画です。この映画では、太っていて、人生に満たされない若い女性たちが、奇妙な秘密社会を結成して相撲を楽しんでいます。主人公のデイジーはこの仲間に加えてもらいます。彼女は相撲の魅力に取り憑かれ、だんだん強くなっていきます。こうして、自分自身を受け入れることによって劣等感も消え去り、本当の愛に目覚めていくという物語が描かれるのです。

ここで事例的に取り上げた三本の映画は、すべて女性監督たちの映画です。また、これまで男性が社会的に担ってきたスポーツ文化を、女性たちが楽しむという物語になっています。これらの映画では、スポーツにおける男女の役割を肯定していないだけでなく、ここに描き出されている女性たちの身体は、「男性の視線」によって凝視されるものとして描かれてはいないのです。

このように映画の中の身体に対して、いったい誰の視線が前提とされているかということに着目することで、新しい解釈や映像の見方ができるのです。

（舛本直文）

【注・文献】

1）舛本直文『スポーツ映像のエピステーメー』新評論、二〇〇〇年、二八二〜二八七頁

第5章

スポーツ統括団体の苦悩とは

1・アメリカ同時多発テロ事件からスポーツを考える
――世界体操選手権大会への選手派遣中止――

二〇〇一年九月十一日は、本当に忘れられない日になりました。その日、アメリカで起こった同時多発テロ事件は、それまで構築してきた世界観を一変させてしまう出来事でした。この出来事は、それまでアメリカを中心にめざしてきたグローバリゼーションの是非が問われることはもとより、何よりもアメリカ中心主義に対する新たな挑戦、反抗でした。それは、かつてのアメリカとソ連を頂点に、政治や経済の価値観を二分していた時代（東西冷戦構造）から、価値観のグローバル化が進められてきた矢先の出来事でした。それだけにこの同時多発テロ事件が全世界に与えた衝撃は、計り知れないものがあります。

私は長年の国際体操連盟（以下、FIG）の仕事を通して、一極化するグローバル化の危険性を感じていました[1]。しかし、価値観のグローバル化への懸念は、すでに二十世紀の半ばころ、フランスの著名な医学・生理学者、A・カレル[2]や二十世紀最大の哲学者といわれたM・ハイデッガー[3]らによっても警告されていました。また最近でも多くの哲学者や有識者らによって、グローバル化への懸念が予測、予感されていたことでもあります。

ここでは価値観のグローバル化の問題が、現在、スポーツにどのような影響を与えているのか、また、国際化、世界化、さらには一体化という現象がスポーツにどのような問題を投げかけているのかについて考えてみたいと思います。

■テロ事件と人類のもつ価値の関係

アメリカ同時多発テロ事件で多くの人が感じた点は、人間の価値観とは何だろうということではないでしょうか。価値観は人それぞれでしょうが、すべての人類に共通する最高の価値は、おそらく「健康な命」でしょう。ちなみに、価値（value）という言葉は、ラテン語に遡って繙くと健康（health）ということばに辿り着くと言われています[4]。つまり、遠い昔から健康で生きることが人類にとって最高の価値だと考えられていたということです。しかし、問題は、この健康という状態がいかなることかなのです。

ここでは、「健康」と「幸福」、「平和」、「豊かさ」などの概念を同じような意味にとらえて論じています。その理由は、それらの概念は、人類が求める最高の価値として同じように考えられているからです。この健康概念については世界保健機関（WHO）で一応の統一的な概念規定をしていますが、アメリカで起こったテロ事件以来、その定義すら問題があると言わざるをえなくなりました。つまり、問題となるのは、まさにグローバリゼーションそのものにあるのではないでしょうか。つまり、人の健康観や価値観を一体化しようとすること自体に、根本的な問題が潜んでいるのではないでしょうか。

私たちは事件や事故が起こるたびに安全・安寧を祈って止みません。それは「安全であること」が健康、幸福、平和、豊かさなどの概念と深く関わっているからです。

現代社会において安全を脅かしている最も大きな要因は、科学のパワーであるといっても過言ではありません。科学の力によってこれまで危険極まりない様々な物質が生産され、またそれらの使用によって生態系までもが危険にさらされています。

■科学技術の進歩とスポーツ概念の多様化の関係性

近代スポーツは、現代社会を取り巻く様々な環境の変化によってそのもつ意味が多様化しています。特に近年においては、本来スポーツは「する」ものであったはずですが、「みるスポーツ」、「メディア・スポーツ」などと言われるように、スポーツ概念の外延がますます拡がりつつあるために、スポーツについての理解は混迷状況にあると考えられます。

このような混迷状況になった背後に近代科学技術の発展がある点については、すでに明らかにしていますが[5)]、現状をみるにつけますますその感を強くしています。この科学技術は、あるがままの自然界のうちには決して現れてこないような要素や素材の生産にまで拡大されてしまっています。確かに人類の過去を振り返ると、諸環境の変化に応じて様々な進化を遂げていますし、それがまた自然でした。つまり、そこでは生態系全体がそれぞれの順応・適応性が働いてバランスを保持していますが、現代社会はあらゆる面で急速に変化してしまうために、順応・適応するいとまがありません。

世の中の急速な変化の視点からスポーツを見れば、スポーツの世界においても同じような現象が起こっています。具体的には、スポーツに対するニーズの高まりと同時に教育の手段として創造された民族スポーツが破壊されているように思います。ドイツが生んだ体操や日本が生んだ柔道などはその被害を受けている例です。体操や柔道がスポーツ化したことによって、それらの先駆者が創った教育理念が分かりにくくなっています。

■スポーツとしての体操の価値

体操概念は、ドイツ体操（Gymnastik や Turnen）に由来することから、ＦＩＧが発足した当時はまだ幅広い概念として捉えられていました。それが、近代オリンピック競技大会が開催されたころから、徐々に現在のような体操概念に整理、統合されてきました。ＦＩＧの意味する体操概念の源流はドイツ体操にあったのですが、オリンピック運動とともにスポーツ化し、現在は国際競技連盟（ＩＦ）のメンバーとして国際オリンピック委員会（ＩＯＣ）の管理下に置かれています[6]。

本項では、あえてこの体操を中心に、そこで起こる諸問題について検討します。

現状におけるＦＩＧの体操概念のカテゴリーには、男子体操競技、女子体操競技、新体操、一般体操、トランポリン、エアロビクス、そしてスポーツ・アクロ体操の七つの種目があります。これらはそれぞれスポーツとしての独自の価値をもっていますので、その具体的な事柄については、FIGの規約をはじめ、競技規則や採点規則に十分反映されていなければなりません。もし、審判問題をはじめ、ドーピング問題、選手の低年齢化に伴う諸問題などが解決されないとすれば、これら諸規則の在り方、運用・管理の問題を含め、組織機構全体の問題として認識する必要があります。少なくとも教育的な意図をもって創られた体操は、オリンピック運動という崇高な理念のもとでスポーツ化され、更には時代や社会の趨勢、技術レベルの変化等に合わせて、いろいろな諸ルールを改正・改定してきたと思われます。しかし、そのことが功を奏していないとすれば、どこに、どのような問題が潜んでいるのかについて根本から探ってみる必要があります。

■スポーツの理念と戦争

理念という言葉の由来は、プラトンのイデア（idea）に始まり、後にドイツ観念論者に受け継がれ、イデー（Idee）として常用されている独語が邦訳されてできた訳語と言われています。その意味は理想的な概念であり、人間のもつ最高の価値を指していると考えられますので、理念と価値はほぼ同じような意味に捉えることもできます[7]。

「猫に小判」という諺がありますが、価値は人によって役立ったり、役に立たなかったりします。また、理念が理想的な概念で最高の価値と同義に捉えられるとすれば、少なくともそれらは具体概念ではなく抽象概念となります。別の言葉でいうと、人類が求める最高の価値は、金品といった物質ではなく、前述したように健康、幸福、平和といった抽象概念を意味することになります。

スポーツ概念はその概念が誕生したときから今日に至るまでにその外延が拡がり、今やどこからどこまでをスポーツと呼べるのかさえ分かり難い状況にあります。しかし、クーベルタンによるオリンピック運動がはじまって以降、スポーツの理念（目的）は、明らかに「人類の世界平和に貢献する」という崇高な考えでしたし、その理念ゆえに今日のスポーツの隆盛があるのです。

アメリカにおける同時多発テロ事件や、その後のアメリカをはじめ、その同盟国がアフガニスタンのタリバン政府を相手に起こした報復戦争、更には米・英両国によるイラクのフセイン政権打倒をねらった戦争は、「平和のための戦争」であるといわんばかりの行為としてメディアを通して伝えられています。言い換えれば「戦争は平和のための一つの手段である」という考えです。このような混乱が起こる理由は、人それぞれ価値観に違いがあるからです。近代スポーツのねらいは価値観の統一を図ろうとしたものでした。価値観の共有という流れに乗って、ドイツ体操や日本の武道がスポーツ化の道を辿ったのでした。

では、なぜ世界平和という崇高な理念を掲げるスポーツ界で様々な問題が起こるのでしょうか。その原因は理念実現のための手段にあります。具体的にはそこに関係する選手、コーチ、審判員ら、すべての役員を含めて、目的と手段を混同して捉えてしまっています。例えば、オリンピック大会で金メダルをとることが目的（この場合、理念と同義）として考えてしまえば、金メダルを獲得するための競争が展開されます。その競争は科学的トレーニングと称して、近代科学の粋を集めた形で実践され、結果的にドーピング問題を発生させています。

更に、メディアの発達によって、金メダル＝選手たちのタレント化と直結するようになりました。つまり、メダリストになることが選手にとっての最高の価値であるかのような錯覚、幻想に陥ってしまっているのです。その帰結として、メダリストという価値を実現するために、定められたルールの網を潜り抜けてでも、どのような手段でも受け入れてしまうことにつながっています。金はあくまでも幸せに生きるための一手段にすぎないのです。私たちは、今一度、スポーツがもつ世界共通のルールの意味について問い質し、活動全体の在り方についての正しい統一的認識をもつ必要があるでしょう。

■アメリカ同時多発テロがスポーツにもたらしたもの

「スポーツは、社会的・歴史的な運動発展のなかで特に形態化された運動文化の一領域である」[8)]といわれるように、スポーツはそもそも社会の動向に影響を受けやすいという宿命を負っています。特に、イギリスで生まれたスポーツ概念がレジャー（余暇）概念に誘発され[9)]、進歩・発展して世界に広がっていったことを考えれば、社会的、経済的影響を受けやすいことは明らかです。その一方、スポーツには競争性と遊戯性の二つの要素が含まれています[10)]。これら人間のもつ本能的な要素が機能的に体系化されたことによって、「スポーツは文化である」という命題が成り立ち、スポーツが世界に広がっていきました。

ところが、現代社会においては、スポーツの競争性と遊戯性を二分するかのように、二極化傾向が強くなっています。ひたすら勝利を目指してスポーツに専念する人もいれば、それとは逆のベクトルで遊戯性を重んじてスポーツをする人もいます。スポーツに対する意識が競争性と遊戯性の両極端に傾きつつありますが、どちらかといえば、競争に熱中しているスポーツ関係者がいろいろな問題を引き起こしているようです。

近代オリンピック競技大会の創始者であるクーベルタンは、スポーツにおける競争の意義について、「選手がお互いに勝利を目指して切磋琢磨、努力することは人間にとってきわめて重要なことであり、貴いことである」[11]と述べています。このような根本思想であるオリンピズムのもとで、IOCは世界中のトップ・アスリートに全力で競争できる機会を提供していると思われます。しかし、既に触れてきたように、人間にとって理念（目的）と手段（現実世界）の関係を常に正しく認識しながら行動することは難しいものです。なぜなら、人間には本能以外に身勝手な欲望や願望がもてるために、他者との共生共存の理念が背後に隠れるからでしょう。

アメリカ同時多発テロ事件は、スポーツの世界に多大な影響を与えました。それは、東西冷戦時代のモスクワ・オリンピック大会（一九八〇年）やロサンゼルス・オリンピック大会（一九八四年）のような、ボイコット合戦のオリンピックとは別次元の問題を提起しました。それはオリンピック史上の惨事だった、ミュンヘン・オリンピック大会（一九七二年）時に起こったアラブ・ゲリラのイスラエル選手団に対する襲撃事件と同じような意味を持ちます。今やテロはいつどこで起こ

「世界体操」日本は不参加

テロ余波　水連も国際大会自粛へ

米国での同時テロとアフガニスタン攻撃の影響で、体操、水泳の各連盟は18日、海外で開催される国際大会への選手派遣の中止を相次いで決めた。

日本体操協会は28日―11月4日にベルギー・ヘントで開催される世界体操選手権への選手団派遣中止を決定。同協会では、17日からスペイン・マドリードで始まった世界新体操選手権への選手団派遣中止をすでに決めており、世界選手権レベルの派遣中止は2件目となる。

派遣見送りとなったのは、男女選手各7人と役員で構成する計33人。男子選手団では、個人総合種目で、前々回ローザンヌ大会銅、前回天津大会銀メダルの塚原直也（朝日生命）や今年の北京ユニバーシアード個人総合銀の冨田洋之（順大）ら有力メンバーが含まれている。

また、日本水泳連盟はこの日開いた第1回の危機管理委員会で、来年3月までに開催される国際大会への選手の派遣を中止する方針を決めた。対象は12月にカナダで開かれる水球の国際大会や、来年1月にヨーロッパを転戦する短水路ワールドカップなど5大会。一方、日本ホッケー協会は危機管理委員会を設置、12月にニューデリーで予定されていた国際大会について「選手団の生命の安全が100%保証されない限り、日本からの参加は困難」との申し入れを、国際ホッケー連盟などに行っている。

◆JOCが危機管理プロジェクト　日本オリンピック委員会（JOC）は18日、危機管理プロジェクト（班長・福島忠彦JOC常務理事）を発足させ、危機に対応出来るシステム作りの構築に着手した。12月中には対策をまとめ、競技団体に配布する危機管理マニュアルも作成する。

選手派遣の中止を報じる新聞記事

（読売新聞、2001年10月19日朝刊）

るか分かりません。アメリカ同時多発テロ事件は、私たちにテロリズムの危険性を改めて教えてくれたともいえます。

財団法人日本体操協会は、他のスポーツ団体に先駆けて二〇〇一年秋に予定されていた体操の世界選手権大会やその他の国際大会への選手団派遣を断念しました。それは選手の安全確保を最優先したからに他なりませんが、その決断に対して様々な意見が出されました。その意見の大半は、大会に参加することと命の安全確保とどちらを優先して考えるべきかでした。スポーツ競技団体には、選手に対する安全配慮義務がある以上、政治的な議論とは別の配慮が必要になります。今回の決断は、結果的にみれば、テロリストの標的になるといった惨事にならなかったことから、体操協会の判断は間違っていたといわれるかもしれません。しかし、今回の参加の可否議論において、協会の安全配慮義務を放棄してまで選手派遣すべき理由が見当たりませんでした。今回の判断の是非は今後十分に再吟味しなければなりません。スポーツは、政治・経済・社会の様々な影響を受けやすいがゆえに、巧みに対応して実践せざるをえません。しかし、スポーツ関係者がとるべき判断原則は、スポーツの理念を規範とすべきと考えます。

（滝沢康二）

【注・文献】

1)加盟団体が増えるにしたがって、統一的なルールをつくることが難しくなる。競技力の差や経済的貧富の差は顕著に問題として現れるが、文化や価値観の違いも問題解決をより難しくしている。

2)アルキシス・カレル、渡部昇一訳『人間　―この未知なるもの―』三笠書房、一九九四年、四三～六〇頁
3)マルティン・ハイデッガー、小島威彦・アルムブルスター共訳『技術論』理想社、一九六七年、五～一四頁
4)田中秀央編『羅和辞典』研究社、一九八九年、六六六頁
5)滝沢康二「体操競技の難度に関する哲学的検討」『日本体育大学紀要二十八巻二』所収、一九九九年、六六六頁
6)A. Huguenin「110. ANNIVERSAIRE」FIG, 1991
7)滝沢康二「スポーツの商業主義化現象について」『日本体育大学紀要二十一巻一号』所収、一九九一年、一～七頁
8)ペーター・ヴァインベルク著、藤井正則訳『運動・行為・スポーツ』不昧堂、一九九六年、二〇七頁
9)福武直、他編『社会学事典』有斐閣、一九六九年、九一五～九一六頁
10)全国体育系大学学長・学部長会編著『スポーツとアンチ・ドーピング』ブックハウス・エイチディ、一九九七年、

一〜一四頁

11)ＪＯＡ編『オリンピック事典』プレスギムナスチカ、一九八二年、三四〜三五頁

【備考】

○アメリカ同時多発テロと世界観の変化に関しては、以下の文献・資料を参照されたい。

・朝日新聞　中村雄二郎「テロは世界を変えたか」二〇〇一年十一月九日付朝刊

・朝日新聞　村上陽一郎「テロは世界を変えたか」二〇〇一年十一月九日付朝刊

・サミエル・ハンチントン著、鈴木主税訳『文明の衝突と21世紀の日本』集英社、二〇〇二年

・ヨッヘン・ヒップラー「異文化の対話」Deutschland J. Ｎｏ・1、2、3月号、二〇〇二年、一〇〜一一頁

・藤原帰一編『テロ後－世界はどう変ったか－』岩波書店、二〇〇二年

○スポーツ概念の多様化については、以下の文献を参照されたい。

・稲垣正浩『スポーツ文化の脱構築』叢文社、一九〇二頁

・文部省競技スポーツ研究会編『みるスポーツの振興－スポーツ文化の新しい享受に向けて－』ベースボール・マガジン社、一九九六年

・神原直幸『メディアスポーツの視点－擬似環境の中のスポーツと人－』学文社、二〇〇一年

2・オリンピックという幻想——政治化された装置はどこへ行く——

■スポーツ文化と政治

いつの世も、スポーツが政治の駆け引きに用いられたり、戦争によって中止になったりすると「スポーツ大会は政治と無関係に実施されるべきである」とよく言われます。それは、スポーツの純粋性を強調し、アスリートたちの手にスポーツを取り戻そうという主張でもあるのです。しかし、本当にそのようなスポーツ文化が可能なのでしょうか。スポーツ界の頂点であるオリンピック競技大会は、そもそも政治的なものではないでしょうか。

よく考えてみると、社会と隔絶した文化など存在しません。現代のグローバル社会において、人、金、モノ、情報、イデオロギーなどと並んで、文化は世界中を駆け巡っています。スポーツ文化も同様です。世界に伝わっていくと、そこには必ず国際関係が生じます。文化摩擦であれ文化融合であれ、それらは国際関係の政治問題であり経済問題なのです。つまり、政治や経済と無関係なスポーツ文化などありえないのです。

そもそも、近代オリンピックは復興当時から政治問題を抱えていました。クーベルタン男爵は一八九六年の第一回大会を一九〇〇年にパリで開催しようとしたのですが、古代オリンピアの祭典競技の歴史を盾にしたギリシャ政府の主張に屈し、第一回大会開催地を譲っています。当時、オリンピック参加資格は個人でしたが、一九〇四年第四回ロンドン大会から国別参加に変更し、国旗掲揚を認めたことによって各国の関心が高まりました。その結果、近代オリンピックの隆盛を招いたのです。

その後のオリンピックの政治問題を簡単に振り返ってみましょう。一九三六年ベルリン大会のナチスによる五輪の政治利用、一九七二年ミュンヘン大会のアラブゲリラによるイスラエル選手団襲撃事件、一九七六年モントリオール大会でのアフリカ諸国のボイコット、一九八〇年モスクワ大会では旧ソ連のアフガニスタン侵攻に抗議した西側諸国のボイコット、一九八四年ロサンゼルス大会では東側諸国によるボイコット返しという政治的諸問題がありました。その間、世界大戦による三回の大会中止もありました。このようにオリンピックの歴史は政治的対立とその調整の歴史であったといっても過言ではありません。

■「オリンピック休戦」の方針転換

オリンピックが開催される前年から「オリンピック休戦」が国連で決議されていることを知っていますか？　オリンピックの開催期間中くらいは世界中で戦争を止めて大会に参加し、平和な社会を実現しようという決議です。これは完全に政治的な運動です。このような政治運動は、果たして効力を発揮しているのでしょうか。

一九九二年のバルセロナ大会では、内戦のために旧ユーゴスラビア選手団が参加できそうもありませんでした。サマランチ会長は国連に働きかけ「オリンピック休戦」をアピールしました。この結果、旧ユーゴスラビアの選手団は個人の資格で大会に参加できたのです。

一九九三年に国連は初めて「オリンピック休戦」遵守のアピールを採択しました。そして国連は、一九九四年に「スポーツとオリンピックの理想の国際年」を宣言し、この「オリンピック休戦」のおかげで旧ユーゴスラビア選手団は、同年のリレハンメル冬季大会にも参加できたのです。サマランチ会長はこの大会期間中に、内戦下にも関わらず一九八四年冬季大会開催地のサラエボを突然訪問するという政治的パフォーマンスもしているのです。

その後、二年ごとにこの国連決議は採択され、一九九八年長野の冬季大会でも採択されています。二〇〇四年のアテネ大会のための「オリンピック休戦」遵守のためのアピールは、現IOCロゲ会長によって二〇〇三年十一月三日に行われ、百九十カ国で採択されました。

「オリンピック休戦」のアイデアは、古代オリンピアの祭典競技で実施された「エケケイリア」という故事にちなんでいます。これは、紀元前八世紀頃、オリンピアの祭典競技に参加や観戦する人々の旅の安全確保のために、ギリシャの都市国家（ポリス）間で締結された条約です。戦争状態であってもゼウス神に捧げる祭典競技のためには、ごく一部の例外を除いて停戦が守られていたといわれています。オリンピックはその始原から政治がらみのイベントであったことがわかります。

残念ながら、今日の「オリンピック休戦」では、完全に戦争が停戦になった例がありません。それどころか、二〇〇二年のソルトレークシティ冬季大会では、アメリカは一方でアフガニスタンで戦争しながら同時に自国で平和の祭典競技を開催するという、戦争とオリンピックを同時に実施した初めての国となってしまいました。

■サマランチIOC前会長の政治的活動

一九八〇年はIOCとオリンピックにとって大きな転換期でした。一つは、モスクワ大会で西側諸国四十数カ国のボイコットが大きな影響を及ぼしたことです。当時IOC会長であったキラニン卿は閉会式の挨拶で「オリンピック休戦」について触れ、一九八〇年モスクワ大会でそれが実現しなかったことを悔やみました。

もう一つは、キラニンの後継者としてサマランチ会長が選出されたことです。これ自体が非常に政治的でした。サマランチはかつてスペイン政府のモスクワ大使でしたが、第二次世界大戦下のスペインでは政治結社のメンバーでもあったのです。このような政治家サマランチ会長の誕生は、一九八〇年モスクワ大会、一九八四年ロサンゼルス大会のボイコット合戦というオリンピックの政治的動乱期には必然的だったのかも知れません。

サマランチ体制下でIOCは政治的活動を推し進めました。特に「オリンピック休戦」というアピールを全面に打ち出すことによって、IOCの政治的な姿勢を明確にしました。二〇〇〇年シドニー大会では、朝鮮半島を描いた統一旗の元に南北朝鮮チームの合同入場行進を実現させましたし、東ティモールの選手団を個人参加させてもいます。サマランチ会長のみせたこれらの政治的執念はノーベル平和賞をねらった活動だったのかもしれません。

■ナショナル・アイデンティティ確認装置としてのオリンピック

現在のロゲIOC会長体制下の最初の大会は、二〇〇二年のソルトレークシティ冬季大会でした。この大会はオリンピック史上、特筆される大会になってしまいました。

この大会は、二〇〇一年九月十一日にアメリカで起きた同時多発テロ事件を受け、アメリカが国家の威信をかけて開催した大会でした。警備の厳しさとそれにかけた人的・予算的規模は五輪史上空前のものでした。アメリカ政府は、一方でテロ根絶の闘いと称してアフガニスタンで戦争をしながら、他方では、厳戒体制のもとでオリンピックという平和の祭典を演出しようとしたのです。

ブッシュ大統領とアメリカオリンピック委員会は、テロで崩壊した世界貿易センターのがれきの中から掘り出されたぼろぼろの米国旗を、ソルトレークシティ冬季大会の開会式で入場させ、愛国心喚起のために利用しました。この米国旗入場問題は、政治色を排除したいIOCと愛国主義を高めナショナリズムを高揚したいソルトレークシティ五輪組織委員会や米国政府との間で大問題となりましたが、結局ロゲ体制のIOCが譲歩する形で決着し、五輪史上に特筆される開会式となった

「愛国五輪」無数の思い

テロから150日 厳戒と熱狂の開会式

「星条旗持てて光栄」米選手

冬の星 ソルトレーク

【ソルトレークシティ＝8日＝田中光】星条旗が主役だった。77の国・地域からアスリートが集まってソルトレーク冬季五輪が開幕した。同時テロの悲しみから立ち上がれない。対テロ戦争にまだ終止符が打てない。約80カ国の人が犠牲になったあの日から150日。あふれるアメリカの旅に無数の思いがこめられた。

開会式で米同時多発テロの現場から見つかった星条旗が入場。ブッシュ米大統領、ロゲIOC会長ら（手前）が見守った＝撮影・溝脇正

漆黒の空から粉雪が舞い降りてくる。

開会式スタジアムは5万人を超える観衆で埋まった。

ブッシュ大統領に続いて、8人の米国人選手に掲げられて星条旗が入場した。縦2・4㍍、横3・6㍍。国歌斉唱。一つの大きな旗にすべての視線が集まる。

旗の周りを、ニューヨーク市消防と警察の職員らが囲む。ライトに照らされた旗は傷んでいた。テロで崩れ落ちた世界貿易センタービルのがれきの中から見つかった。

「地元の五輪で、あのビルにあった星条旗を持つなんて、なんて光栄なことなんだろう」

8人の1人、女子スケルトンに出場するリーアン・パーズリー(33)は、そう思った。

テロで1歳下の親せきの男性を失った。世界貿易センタービル104階にあった金融会社に勤めていた。合宿先のカナダ・カルガリーで悲報を聞いた。

本職は消防士だ。キャリア16年。州の年間最優秀消防士に選ばれたこともある。あの日、数多くの仲間を失った。

「私は何のために五輪を目指すのだろう。コンマ1秒速く滑ったとして、何の意味があるのだろう」

1週間、練習する気になれなかった。

「平和の中で参加する五輪は、単なるスポーツとは違うのではないか」。そう自分に言い聞かせて練習を再開。10月に営まれた葬儀には出席せずに、国内大会に臨んだ。

入った選手村で、最初に消防士の詰め所に行った。

星条旗への思いは胸のうちにとどめるつもりだ。

「家族や友達が、私の思いを理解してくれれば、それだけでいい」

「米は浮足立っている」英の選手

30年前のミュンヘン大会（当時西ドイツ）。ゲリラが五輪を襲った。イスラエル選手が犠牲になり、レバノンが報復攻撃された。

両国は開会式の日に選手村で入村式をした。

「平和のためにやってきた。どんな旅でも、平和を求めるものなら我々は賛同する」とイスラエル選手団。

「我々は政治の話をしにきたのではない。歓迎されてここに来た。それ以上でもそれ以下でもない」とレバノン選手団。

「あまりに政治的ではないか」「米国のための五輪」……。今世紀初の五輪を巡り議論が渦巻く中で、各国の選手たちは距離を置く。

イギリスのスノーボード選手、レスリー・マケナ(27)は「こんなに浮足立っているアメリカは見たことがない」と語った。

ブッシュ大統領に「悪の枢軸」と名指しされたイランから来たアルペンのバーガー・カロール(22)は「僕たちはアスリート。スポーツするだけさ」と笑った。

アメリカの女子アイスホッケーチームは、代表からもれた仲間を思っていた。

キャスリーン・コース(22)はテロで父親ドン（当時51）を失った。世界貿易センタービルにいた。3カ月後、調子を落として代表からはずされた。相次いだ二つの悲しみ。開会式の日は友人のいるドイツにいた。「とても、見ていられない」と周辺にもらしたという。

娘思いの父だった。キャスリーンが初めて代表入りを決めた昨年8月23日、仕事を休んでチームがいたレークプラシッドまで駆けつけた。喜びのあまり、ほかの選手たちにも抱きついた。

その1カ月後。ニューヨーク州の小さな街で営まれた葬儀。「代表入りを見届けてくれたのが救いです」。キャスリーンは、駆けつけたチームメートに涙ながらにあいさつした。

その日からチームの雰囲気が変わった。

ディフェンスのアンジェラ・ルジェロ(22)は、「国が一つになるように、チームも一つになった」と言い切る。ゴールキーパーのサラ・トゥーティング(25)は、「最初に代表のユニホームを着たときの感動を忘れかけていた。今は、どんなに光栄なことなのか、そでを通すたびに思う」。

昨年8月のチーム結成から、無敵の31連勝中だ。

チームは、右肩に星条旗をデザインした「愛国章」をつけて試合にのぞむ。

主将のカミー・グラナート(30)は「このリボンを見るたびにニューヨークの人たちを思い出す。アメリカは絶対に勝ちます」と言った。

あの日から立ち上がろうとする米国。

選手の一人がつぶやいた。

「ユニホームが重くなった」

ソルトレークシティ冬季五輪開会式での星条旗入場を報じる新聞記事
(朝日新聞、2002年2月9日夕刊)

のです。

この問題は、国家主義やナショナル・アイデンティティ強化にも関わる問題です。IOCは偏狭な国家主義や政治色をオリンピックから払拭しようとしていますが、国際政治抜きには平和問題を語ることができないのです。「オリンピズム」が掲げる世界平和主義は各国の平和を基盤としています。しかし、そのような平和希求とアメリカがとった二〇〇二年ソルトレークシティ冬季大会の政治利用に見られるような「愛国主義」とは別物なのです。

自国を愛することと偏狭なナショナリズムとはまったく別物です。しかし、メディアによる自国の露出と喧伝ということは、重要な広報手段でもあるのです。どのような国であれ、メディアを利用して自国の政策を国民に周知徹底させることが効果的な手段であることは、戦時中の歴史を見れば明白です。自国の政治的アイデンティティを確認すること、自分のナショナル・アイデンティティを確認すること、それはメガイベントの時ほどたやすいのです。そのために、権力者たちは、メディア視聴者の関心が高いスポーツのメガイベントを利用しますし、その有効性も熟知しているのです。

■「ユーロセントリズム」という政治的力学

IOC委員の構成をみるとヨーロッパ出身の委員が多く、IOC自体に西洋中心主義（ユーロセントリズム）が反映されているという難題をIOCは抱えています。オリンピック種目をみても、西洋発祥の種目がほとんどです。このようなオリンピック自体が抱えている地政学的問題は、オリンピック大会にもオリンピズムという思想にも深刻な影響を与えています。

そもそも、このオリンピズムという思想自体が、グローバリズムという国際一様化主義に基づいている平和思想であるといってもよいのです。その意味で、「ローカルな国家や文化を尊重しながら世界平和の実現が可能か」という難問がIOCの前に立ちはだかっています。また、アフリカ諸国に残っている過去の植民地支配に基づく宗主国と被支配国との関係は、トップ・アスリートの養成や過去の植民地におけるスポーツ文化の普及に大きな影響を及ぼしています。当時の植民地で宗主国の権力によって強圧的に普及させられたスポーツは、必ずといってよいほど西洋スポーツなのです。

さらに、オリンピック大会の肥大化、巨大化に伴い、大会を開催できる都市が西洋を中心とした富める国々に限られてきているのも事実です。メガイベントを報道するメディアの資源もパワーも富める国々に偏っているのです。このような地政学的な問題がオリンピック大会やオリンピズムという思想を浮遊させる一つの原因となっていると考えられます。

■「オリンピズム」という思想

これまで触れてきた「オリンピズム」という言葉は、じつは一般の辞書には載っていません。オリンピック事典の類を除き、『広辞苑』『オックスフォード英英辞典』にも出てきません。それは、いまだにこの概念が社会に定着していないまだ若い思想であることの証拠なのです。「オリンピック主義」とでも訳せるこの言葉は、オリンピック大会の成功や金メダルを獲得する強化運動と誤解されているようです。また、「オリンピック・ムーブメント」はオリンピックの招致運動でもありません。

「オリンピズム」とは、オリンピックを利用して、心身ともに調和のとれた若者の育成を目指し、それがひいては平和な国際社会の実現に寄与することになるという、高邁な理想であり願望です。それは、スポーツを通した教育思想であり、平和な国際社会を実現しようとする平和思想なのです。

IOCはこのような未確定な「オリンピズム」の概念を整理し、一九九一年のオリンピック憲章改正の際に、根本原則に「オリンピズム」に関する新たな条項を加えました。この根本原則では、「オリンピズム」や「オリンピック・ムーブメント」が何であるか、それらの目標や活動はどのようなものであるかなど、オリンピック理念の根幹が示されています。

しかし、この定義によって「オリンピズム」という概念が定着したかどうかは定かではありません。例えば、サマランチ前会長が提唱し、IOCのホームページにも載っている「オリンピズムの三本柱はスポーツ、文化、環境である」という考え方それ自体が、先にみたオリンピズムが掲げている身心のバランスがとれた若者を育成しようという教育思想や平和な世界を実現しようという平和思想を放棄してしまったと見なされても致し方ありません。このように「オリンピズム」という概念は混乱したままなのです。

■オリンピックの行方

ＩＯＣのロゲ会長は二〇〇二年の夏、ソルトレークシティ冬季大会の「スケートゲート」事件後、新聞のインタビューで以下のような事件をオリンピック・クライシスとしてあげています[1]。最大の危機は、一九七二年のミュンヘンの選手村テロ事件。次いで、ソルトレークシティ冬季大会に絡むＩＯＣスキャンダル。第三に一九八〇年代のアメリカとロシアのボイコット合戦。第四に一九八八年ソウル大会のベン・ジョンソンのドーピング事件、それと並んで二〇〇二年のソルトレークシティ冬季大会の「スケートゲート」をあげています。ここには、個人的な「金儲け主義」や「勝利至上主義」の問題と「政治的な問題」が二大要因となっていることが分かります。

クーベルタンはオリンピックの変質と世間からの批判を嘆き、一九三〇年にオリンピック憲章の改訂を提案しています[2]。その際、世間からスポーツへの批判とは以下の三点であったと書き残しています。それは、「身体への過度な負担」「知的退廃への貢献」「商業主義と金銭的欲望の増大」の三つです。その責任はアスリートにあるのではなく、親、教師、役人、役員および新聞メディアにあるとし、メディアの報道姿勢も問題にしています。ここでは、役人や役員の政治問題は明確ではありませんが、政治力学抜きには近代オリンピックは考えられなくなっていることがわかります。

このクーベルタンのオリンピック批判は、現代のオリンピック界に蔓延している事態と非常によく重なっています。残念ながら、この七十年以上も前のオリンピック憲章の改正案は今でも有効に生かされてはいないようです。

オリンピックの政治的利用の最たるものが一九三六年ベルリン大会の「ナチ五輪」であるといわれています。その当時の映像が『オリンピア（「民族の祭典」「美の祭典」）』という公式記録映画に収録されています。しかも、ヒトラーの描き方にこそ暗黙の政治的プロパガンダがあったという見方ができます[3]。このように、オリンピックの政治的側面が見逃されがちですが、オリンピックが政治化されてきたのではなく、オリンピックそのものが本質的に政治的な装置なのです。

これからオリンピックは、一体どこに向かうのでしょうか。オリンピズムという思想が掲げる平和的装置の機能を果たすのでしょうか。それともクーベルタンが嘆いたように、娯楽的装置としての機能ばかりを提供するのでしょうか。それとも、一九八四年のロサンゼルス大会以来目立ってきた経済的装置の機能なのでしょうか。オリンピックの故郷に帰ってくる二〇〇四年アテネオリンピック大会で「オリンピック休戦」が実現するようなパワーを持つことができれば、クーベルタンも安心してオリンピアとローザンヌの地で安眠できることでしょう[4]。

（舛本直文）

［注・文献］

1) Michaelis, Vicki (2002) Weathering Olympic crises on the eve of meeting, Rogge rates 'Skategate' far behind

Munich and boycotts. USA TODAY, August 24th.

2) Coubertin (1930) The charter for sports reform. In Muller, N. (ed) (2000) Pierre de Coubertin: Olympism selected writings. IOC, p. 237.

3) 舛本直文『スポーツ映像のエピステーメー』新評論、二〇〇〇年、二四三～二四四頁

4) クーベルタンの墓はローザンヌにあるが、彼の意志により、心臓は古代オリンピアの祭典競技の地である、オリンピアの国際オリンピックアカデミーの敷地内のモニュメントの下に埋められている。

3・国体神話の解体——これからの国民体育大会をさぐる——

■国民体育大会の最も重大な問題

世界中を熱狂させるオリンピック大会にはいろいろな問題がありますが、その国内版ともいえる国民体育大会（以下、国体）にも同じような問題があります。国体を統括する日本体育協会がいろいろな改革案を提案していますが、遅々として進まず、苦悩の状況が続いています。そこで、ここでは国体問題を取り上げて考えてみたいと思います。

国体の目的は、「広く国民の間にスポーツを普及し、アマチュアリズムとスポーツ精神を高揚し

て国民の健康増進と体力の向上を図り、併せて地方スポーツの振興と地方文化の発展に寄与するとともに、国民生活を明るく豊かにしようとする」[1]ことであり、地方スポーツの振興、文化の発展を促す手段として、都道府県の持ち回りで開催されています。

第一回（昭和二十一年）の国体は京都を中心に行われ、四十三回目（昭和六十三年）の京都大会から二巡目を迎えており、埼玉で開催される平成十六年の大会（彩の国まごころ国体）で五十九回目になります。

このような目的と歴史を有する国体は、地方のスポーツ施設を充実させ、地方スポーツの普及に努めた反面、大会自体の巨大化、施設維持といった問題を抱えていますが、その中でも最も象徴的なのが「天皇杯」をめぐる問題です。第五十七回（平成十四年）の「よさこい高知国体」は、開催県の天皇杯獲得が三十九年ぶりに途切れた大会でした。当時の新聞は「途切れた開催地天皇杯「よかった・自然です」という見出しで取り上げて、「天皇杯」が獲れなかったことを評価しています[2]。また別の記事では「毎回開催県が優勝しなければいけないという既成概念をうち破って、多くの人に関心を持ってもらったのなら、一石を投じたことになる」[3]という橋本知事のコメントが掲載されています。

この大会において、「開催県が必ず総合優勝する」という天皇杯の「神話」は解体されたように見えました。ところが、翌年の静岡「NEW!!わかふじ国体」では、その「神話」が復活してきました。開催県の天皇杯獲得という「神話」を復活させるために、「オレンジ旋風」[4]というフレーズが使われました。これは、一巡目の第十二回（昭和三十二年）静岡大会においてオレンジ色のユニフォームを身につけた静岡県選手団が大活躍し、東京都以外の開催地で初めて天皇杯を獲得したことにならい、今回も選手はオレンジ色のユニフォームを着用し、応援者にはオレンジ色の服や帽子の着用を呼びかけたものです。

このことからも国体における神話的な力の大きさを実感することができます。現代社会には様々な「神話」の働きがありますが、国体も「天皇杯」に代表される「神話」に縛られて、有形無形の圧力が関係者にかけられています。

ここでは、国体にまつわる主な「神話」を三つあげて分析し、それを解体する作業を通して、未来の国民体育大会像を提示してみたいと思います。

■「天皇杯」という「神話」

まずはじめに、天皇杯の「神話」を生み出しているメカニズムから分析してみます。その方法として、「競技規則」と「大会規定」を区別することが手がかりとなります。

競技規則とは、競技自体のやり方や進め方を決めているルールであり、このなかにはプレーの仕方、勝敗の決め方、競技で使用される器具の仕様などが含まれています。例えば、陸上競技では、日本陸上競技連盟が編集している「陸上競技ルールブック」がこれに相当します。この競技規則は、当該種目を他の種目から区別する機能だけではなく、ある種の普遍性を持っています。例をあげると、北海道で行われるサッカーと沖縄で行われるサッカーが同じであるのは、どちらも共通の競技規則にもとづいて行われているからです。

これに対して大会規定は、大会自体を運営するためのルールです。競技規則にも大会運営の方法が記載されているので、大会運営者はそれに従わねばなりません。しかし、それは大枠だけを示したものなので、実際には大会運営者による裁量の余地が残されています。競技規則が種目の独自性を生み出すのに対して、大会規定の方は大会の独自性を生み出すことになります。

さて、国体では「天皇杯」争奪が問題にされますが、これは大会規定独自の方式による「国体得点」の競争で、それが最も多かった都道府県が「天皇杯」の栄誉に輝くというものです。得点化は次のようになされています。この国体得点方式では、正式競技の八位までが得点対象になります。少年男女、成年男女の団体種目では、一位の四十点から八位の五点まで、順位が一つ下がるごとに五点ずつ減っていきます。個人種目では一位が八点で八位が一点になります。また、大会に参加すると各競技ごとに参加得点十点が与えられます。そして、夏季、秋季、冬季の合計得点により、男女総合優勝の天皇杯、女子総合優勝の皇后杯が決定されるのです。

見落とされがちですが、重要なことがあります。それは、得点方式自体、競技開始までに参加チームの合意を得るという競技規則（競技会総則）に従えば、あとは大会開催者の自由裁量によって決定されるので、大会規定に属していることです。つまり「天皇杯」をめぐる競争は、競技規則ではなく大会規定によって生み出されたものということになります。

本来、スポーツの競争は、この「天皇杯」のような競争とは違います。競技者は競技規則に則ってプレーし、相手に勝つこと、つまり勝利を目指して競争しているのです。なぜなら、技を競い合うという意味でのスポーツには、必然的に競争性が内在しているからです。例えば、野球では、相手より多く点を取った方が勝ちとなる競技が行われます。このような競争をスポーツにもともと備わっている「内的競争」と呼ぶことができます。これに対し、スポーツにとって外在的なところで行われる競争は、「外的競争」ということになります[5]。この区分に従うならば、天皇杯をめぐる戦いは、後者の外的競争になります。開催地に与えられる予選免除の特典と同時に、大会に出場したことによって与えられる参加得点からして、この競争は最初から開催地びいきのやり方なので不平等になっています。

以上をまとめると、天皇杯の神話という不合理性は、合法性の名の下で不平等な競争を組織し、そこに多数のジプシー競技者を投入するという周到な準備によって保障されて生まれてくるのです。したがって、天皇杯の神話を解体するためには、開催者の裁量権を制限し、スポーツに内在する競争に専念できるような大会規定を設定することが求められます。

■「スポーツを行うこと=健康」という神話

つぎに、国体の目的のなかに登場する「スポーツを行うこと（以下、スポーツ）」と「健康」との関係についての神話を分析したいと思います。

平成十五年の静岡「NEW!!わかふじ国体」の公式ホームページの項目には、「地方スポーツの振興と国民の健康、体力の増進、文化の発展に大きく寄与する」[6]と記されています。国体にかぎらず、これに類似した記述をよく目にします。われわれが生きていくうえで健康が重要な要因であることを疑う人は少ないでしょう。しかし、競技者が国体に参加するのは数日間であり、それだけで健康増進になるとは思われません。そのこと以上に問題なのは、「スポーツ＝健康」という神話的な図式です。

スポーツを行うことと健康は、はたしてダイレクトに結びつくのでしょうか。

スポーツと健康に関してはこれまで数多くの研究があります。その成果から両者の関係を知ることができます。あるスポーツ科学の研究によれば、三十代の人ならば二十分から三十分間休むことなく走り続けられる程度の軽いジョギングを、週に二、三回、定期的に行うことによって、健康な体づくりができるとされています[7]。

しかし、この知見をそのまま鵜呑みにし、だからスポーツは健康によいと結論づけることには大きな問題があります。なぜなら、健康によいとされるのはスポーツではなく、ジョギングなどの適度な「運動（身体を動かすこと）」に他ならないからです。このジョギング、さらにはラジオ体操やダンベル体操に代表される運動は、健康を全面に出している（目的にしている）ところにその特色があります。健康になるための運動の強度や頻度は、健康の論理によって決められているため、それらを無視できません。無視すると、健康になるという目的は達成されないからです。

これとは対照的なのが、われわれが「野球」や「サッカー」、「バレーボール」などと名づけている（競技）スポーツです。先にも述べましたが、スポーツには競争性が内在されており、積極的に身体を動かすことが求められますが、健康を目的に身体を動かしているわけではありません。例えば、野球は「アウト」や「セーフ」といった野球独自の意味をもつシステムであり、それをめぐって行われる競い合いなのです[8]。野球をしている攻撃側の関心事は、セーフとなるプレーを続けて得点することにあります。

もちろん、スポーツを行うと健康になる場合も多くありますが、健康を主眼とするならば、スポーツを構成するいくつかの運動を適度（健康的）に行わなければなりません。競争が主眼であれば、五時間を超える野球のゲームもあるように、とても健康的とは言えません。要するに、競争の論理を内在しているスポーツと、健康の論理で構成されている運動とは異なったものなのです。

以上のことから、現在の国体で行われている（競技）スポーツだけでは、健康の増進に直結するとは言えないのです。健康のためには、健康を目的とした運動のしかたがあり、それを学ぶ必要があります。

■「享受される文化」という神話

三つめに、国民が享受するといわれている文化についての神話を分析してみます。

これまでの国体においては、直接会場となるスポーツ施設はもちろんのこと、付帯的な道路や公園などのインフラストラクチャー整備に多額の費用が使われてきました。表現を変えると、国体は主に物質的な文化財を国体の開催地に配分する機会として利用されてきたことになります。たしかに、国体のためにスポーツ施設が充実し、生活に必要な道路や公園が整備されることは重要なことだと思います。しかし、文化のなかにはこれとは異なるものも存在します。

それは、無形文化財という言葉で表現される文化です。特にスポーツでは、パフォーマンスを通して発現される競技者の能力がそのような文化にあてはまります。また、競技者だけでなく、競技者を指導する監督・コーチの能力、そしてまた大会を運営する関係者の力量もそれに含まれます。

国体をこのような無形の文化を配分するための機会にしてはどうでしょうか。具体的には、現時点での競技者の最高のパフォーマンスを観るための競技会を組織することが考えられます。そのためには、都道府県別の対抗戦ではなく、国体を国内のすべての競技者から出場選手を選定する選抜大会とすることも一考です。例えば、陸上競技では、その時点でのトップ十六人を選抜して行う記録会（予選と決勝）、またサッカーでは、天皇杯の予選の数試合を国体で行うことなども考えられます。現に公開競技である野球では、このような方式が採用されています。このような選抜方式の記録会や試合によって、開催地の人々は日本最高のパフォーマンスを間近で観ることができます。さらに国体を記録会や試合の場で終わらせるのではなく、競技者およびコーチ・監督が開催地の人々を直接指導する講習会を開いてもよいでしょう。なぜなら、パフォーマンスは観るだけでなく、このような交流を通して伝えられていく文化に属するからです。

さらに、健康のための運動も文化ですから、健康のための運動に関するこれまでの科学的成果を開催地の人々に還元することも必要です。そのためには、健康科学に携わる研究者の学会を招聘し、県民が健康に関する最新の理論を学ぶことのできる機会を提供したり、健康になるための運動のしかたを実際に教えてもらえるような機会もあるとよいでしょう。このような考え方に近いものとして、すでに昭和六十三年から高齢者を中心にしたスポーツ、文化、健康、福祉の総合的な全国健康福祉祭（愛称「ねんりんピック」）が開催されており、二〇〇三年の「ねんりんピック徳島大会2003」で十六回目を迎えています9)。こちらは厚生労働省の管轄ですが、縦割行政の枠を超えて国体との共同開催にしてもよいのではないでしょうか。

これまでに考えられていた文化からちょっと視点を移すことによって、新たな世界が広がり、「享受される文化」の中身も神話から解放されるのではないでしょうか。

■新しい国体像を求めて

ここでは三つの神話しかとりあげませんでしたが、国体には様々な神話があり、それらが国体を規定する大きな力となっています。

本項を終えるにあたって、ここで行った「神話」の分析から、新たな国体像として、①国内最高の競技者の大会、②最新の健康科学理論の提示、③スポーツ科学の知見が享受できる祭典を提示したいと思います。このような考えは、今では忘れ去られつつあるアマチュアリズムの神話を解体することにもつながります。このような新しい国体像のもとで、競技者、コーチ・監督、役員、大会関係者と開催地の人々がスポーツを通して交流する場を組織するための具体策を講じることが必要です。

この結論に加え、興味ある視点も付記したいと思います。ピエール・ブルデューは、名誉と威信、誓約と恩義、信用と信じこみといったものを「象徴資本」と呼んでいます[10]。開催地の人々による競技者への無償の奉仕（例えば、民泊制度）は、このような恩義や信用を形づくっています。神話とは異なる、このような資本が形成されるならば、「国体にまた参加したい」と思える競技者、そして「また開催したい」と思える国民が育っていくと思われます。このような視点から国体の独自性を追求することも、現在の国体が抱える問題点を改善する方向ではないでしょうか。

（河野清司・近藤良享）

【注・文献】

1)「NEW!!わかふじ国体」ホームページ http://www.pref.shizuoka.jp/seibun/sb06/profile/wakafuji/about.htm
2)高知新聞、二〇〇二年十月三十一日付朝刊
3)高知新聞、二〇〇二年十一月一日付朝刊
4)前掲1)
5)「内的競争」と「外的競争」という概念区分は、樋口のそれに依拠している。樋口聡「スポーツ美と勝敗、あるいは美しいゲームについて」中村敏雄編『スポーツのルール・技術・記録』創文企画、一九九三年、一一～三八頁
6)前掲1)
7)浅見俊雄、鈴木正成、安田矩明監修『体づくりのサイエンス―アタマで鍛えるトレーニング実践マニュアル―』ダイヤモンド社、一九九四年、一一六頁
8)スポーツを構造化されたシステムとして理解する考え方として、河野清司「象徴形式としてのスポーツの構造論的

研究―その生成、機能、発展を中心にして―」『体育学研究』第四二巻第三号、一九九七年など参照

9)「ねんりんピック徳島２００３」HP.http://www.pref.shizuoka.jp/seibun/sb-06/profile/wakafuji/about.htm

10)山本哲士『ピエール・ブルデューの世界』三交社、一九九四年、二〇三頁参照

第6章

頻繁に起こる判定トラブル

1・審判員のフェアプレー——審判員のあるべき姿——

■フェアプレーとは何か

一九九二年のバルセロナ・オリンピックが終了して間もなく、イギリスのスポーツ記者クラブからマラソンの谷口選手と有森選手にフェアプレー賞が贈られました。

谷口選手の受賞理由は、競走中の給水直後に後ろの選手に踵を踏まれて転倒、しかも靴が脱げたのであわててはき直して走り始めたこと、そしてゴール後の発言、例の「こけちゃいました」が、じつにさわやかでスポーツマンらしく、テレビ観戦をしていた人々の印象に残ったからでした。

また、一方の有森選手の受賞理由は、給水後わざわざ道路の端まで行って、手にもったボトルを置いてから走り始めたことがテレビに映り、彼女の礼儀正しさが感心されたからでした。四年後のアトランタ・オリンピックの直前、有森選手と話す機会があり、アトランタでも同じように給水ボトルを投げ捨てないようにできるかを聞いてみました。彼女曰く、「バルセロナのときは自分のまわりに誰もいなく、一人で走っていたからできたのだと思います。だから、アトランタではわかり

谷口「コケちゃった！」

給水所 一寸先のハプニング

「これも運です」立派な8位

【バルセロナ9日＝原沢敦】谷口浩美選手(三二)にとっては、痛恨の給水だった。五輪競技のフィナーレを飾る九日夜(日本時間十日未明)の男子マラソン。後続の選手に給水所でシューズを踏まれ、転倒するアクシデントに見舞われながら、谷口選手が八番目でオリンピック・スタジアムに姿を見せると、満員のスタンドは、大きな拍手と声援に包まれた。韓国の選手との壮絶な一騎打ちの末に、森下広一選手(二四)が銀メダル、中山竹通選手(三二)も四位。三選手がそろって入賞を果たし、日本選手の健闘が目立った今大会にふさわしい締めくくりとなった。熱い闘いの余韻が残るスタジアムでは、続いて閉会式が行われ、十八日間の大会を見守った聖火が消えた。

スタジアムの大型ビジョンが、転倒した谷口選手の姿を映し出した時、スタンドの日本人観客の間からは、「あっ」という驚きの声が起きた。22・5㌔付近の給水所。三十人ほどの先頭集団にいた谷口選手は、水を取ろうとして後続選手に左シューズのかかとを踏まれ、路上に倒れ込んだ。

脱げたシューズを取りに戻るため、いったんコースを逆走し、顔をゆがめて約二百㍍の差がついた集団を目で追う谷口選手。二十秒以上もタイムをロスしただろうか。頭を心もち右に傾けた独特の走法で、懸命の追い上げが始まった。

丘までに〝20人抜き〟

33㌔のカタルーニャ広場で十二位、最後の難所・モンジュイックの丘にさしかかるころには八位――。二十㌔足らずの間に二十人以上をゴボウ抜きする力走で谷口選手がスタジアムに姿を見せると、満員の観客席中段で気をもみ続けていた姉の高橋高子さん(三四)は、たまらずにスタンドの最前列へ駆け寄った。

一位の黄永祚選手(二二)(韓国)に遅れること二分二十秒。ゴールした谷口選手は、四位に入った中山選手と肩をたたき合い、笑顔で握手を交わして、入賞をたたえあった。左の二の腕と左足の擦り傷が痛々しい。

実は、関係者以外には極秘にされていたことだが、五月にも右足甲を疲労骨折し、六月の一か月近くを棒に振っている。そして、本番での思いがけないアクシデント。

レース前、多くの選手が殺到する給水所でのトラブルを気にしていたという谷口選手は、ゴール後に「まさか、それが自分に起こるなんて。これがオリンピックなんですね」と苦笑いした。しかし、シューズを踏んだ相手選手への恨み言は一切口に出さず、笑顔さえ見せながら報道陣の質問に応じた。

「こけちゃいました。これも運ですね。でも、精いっぱいやりました。入賞できた自分をほめてやりたい。森下のことは、ずっと気になっていましたが、本当によくやりました」

谷口選手の言葉の通り、同じ旭化成工業の後輩、森下選手の力走は立派だった。33㌔付近から続いた黄選手とのデッドヒート。女子マラソンの有森裕子選手(二五)と同様、惜しくも「金」は逃したものの、この種目でのメダル獲得は、一九六八年のメキシコ大会以来という快挙だった。

「メダルを期待されていたから、これでほっとしました。正直いえば、金メダルが欲しかったのですが」。表彰式の後、森下選手はそう競技を振り返ったが、二人の指導に当たってきた宗茂コーチ(三九)は「二人とも頑張った。森下にはこれで満足することなく、四年後を目指してほしい」とまな弟子の健闘をねぎらった。

押されて踏まれて…不靴の男

◀ころんだ　◀戻った　◀はき直し

ＮＨＫテレビから

バルセロナ五輪男子マラソンでの谷口選手の「靴脱げ」を報じる新聞記事

(読売新聞、1992年８月10日夕刊)

ません」という答えが正直に返ってきました。この答えから、彼女のとったバルセロナでの行為はごく自然なことで、日常生活でもおそらく「ポイ捨て」なんかしないだろうと想像できます。

これら二人に贈られた賞の例から、フェアプレーとは何かを考えてみると、フェアプレーとは、「他人が見ていようが見ていまいが、いつでも、どこででも自らの信念に基づいてできる人間らしい正しい行為・行動を意味したスポーツ的行為・行動」と定義づけられます。ただし、「人間らしい正しい行為・行動」の基準が問題になりますが、通常は、国際社会において認められた規範(Norm)と言えればよいでしょう。

ちなみに、国際体操連盟(ＦＩＧ)の審判員の宣誓文には、「私達は審判員として自己の名誉にかけて、スポーツにおける公正の精神とスポーツの尊厳のみを念頭におき、人物や所属を考慮することなく、行なわれた演技そのものに対して良心的に採点することをここに宣誓いたします」と謳われています。

審判員の宣誓には、「私は審判員として成すべきことを、きちんと行います」といった誠実さを世間に公表すると同時に、すべての関係者に誠実さを約束するという意味もあります。約束をした以上、審判員に責任感があるか否かは、宣誓通りに約束を守って審判活動をしているかどうかが評価基準となります。

■審判員の資質と課題

審判員の最も根本的で重要な課題は、「結果の責任を果たす」ことです。国際体操連盟の審判員の宣誓文には、審判員の課題とそれを全うする責務がまとめられています。仮にも審判員が不正を働くとしたら、宣誓したことの意味も審判員の任務や課題の意味もなくなり、ひいては審判員の存在性そのものが疑わざるを得なくなります。また、「審判員のフェアプレー」といった審判員の規範的な行為・行動が問題視されること自体も、審判と制度の根幹に関わる問題です。なぜなら、本来審判員というものは誰からも絶対的に信頼される存在者でなければならない以上、その判定や評価が常に客観的で公正であるべきなのは当然のことだからです。

競技スポーツの場における審判員にとって最も根本的かつ重要な課題は、前述のように「結果の責任を果たす」ことにあります。審判員としての「結果の責任を果たす」ことの意味の説明でわかりやすいのが、競技順位の判定でしょう。一口に判定と言っても、人の眼で計測できないような競技スポーツの場合、例えば百分の一秒を競うような競泳や短距離離走ではもはや人の眼による順位の判定は信頼されません。結局は近代科学の手を借りて、客観的な記録の判定を器械に委ねる他はありません。しかし、器械はあくまでも器械に過ぎません。器械の操作にルール上の誤りや不正がないかどうか、あるいは泳ぎや走動作にルール違反はなかったかなど、人が関与して判定する部分は多々あります。要するに、順位の判定が信頼できるかできないかは、競争のすべてのプロセスにおいてルール違反や不正がなかったかも正確に判定されたかにかかっています。そして、そこに人としての審判員の重要な課題があるのです。

審判員が自らの課題を全うするためには、基本的に二つの能力を発揮しなければなりません。その一つは、ルールに裏打ちされた判断を即座に発揮する能力です。このことは、選手が競技中に技能を最大限に発揮することと同じ意味です。つまり、審判員の審判としての技術的能力を指しています。

二つ目の能力はモラルです。これは、倫理観、道徳観に稀薄な人は審判員としての資質に欠けるという意味です。そして、この両方の能力を十分に兼ね備えていることこそ信頼される審判員といえるのです。人は自らを厳しく研鑽することにより、自らを律する力が同時に育まれていくということを知っています。したがって、審判員は、選手が自らの競技力の向上を目指して日々練習に努力するのと同じように、審判員としての資質向上に努めなければなりません。そうした努力こそが人として、審判員としての真摯な態度と公明正大で責任感の強い精神を育むことができるのではないでしょうか。

■審判員と選手、コーチとの関係

「審判員は競技大会中、選手やコーチと接触してはならない」とよくいわれることから、審判員と選手、コーチの間は絶縁されているように考えられがちですが、絶縁することは大きな間違いをおかしているのではないでしょうか。なぜなら、審判員も当該スポーツの発展、普及に努める義務を持っていると考えられるからです。つまり、審判員もコーチと同じように選手のトレーニング活動に正しい指針を与える義務を有しているのです。

不幸なことに過去、審判員の不正問題が起こったため、その防止対策として、競技大会期間中、選手団と審判団の宿舎を別々にして、両者によるアンモラルな行為・行動をしにくくするという措置がとられています。しかし、このような考えや防止策そのものの根底には、審判員、コーチ、選手とも既に信頼されていないことが前提にあります。審判員、コーチ、選手とも既に信頼されていない環境は、ますます関係者相互の信頼関係を損ねていくことにつながり、結局、不信感の連鎖という悪循環を繰り返すことになります。特に、競技に対する価値が高まれば高まるほど、誰もが信用できないような環境に拍車がかかります。

■審判員のフェアプレー

冒頭、バルセロナ・オリンピック後にフェアプレー賞を受賞したマラソンの谷口選手と有森選手の受賞理由について触れましたが、その点を軸に審判員のフェアプレーについて考察してみましょう。ここでのフェアプレーの定義は、「他人が見ていようが見ていまいが、いつでも、どこでも自らの信念に基づいてできる人間らしい正しい行為・行動を意味したスポーツ的行為・行動である」ことを再度確認しておきます。

スポーツの世界では、もちろん審判員も含めてですが、選手、コーチ、その他の大会役員を含むすべての関係者が一つのファミリーとして捉えられています。オリンピックで示せば、それはオリンピック・ファミリーということになります。

ファミリー（家族）という概念は、そこに所属する一人ひとりの間に互いの信頼関係が満ち溢れていることを想起させるでしょう。互いの信頼関係で満たされていれば、そこにはあえてルールを決める必要がないでしょう。親子、兄弟姉妹はみな愛情で結ばれ、お互いに信頼しきっている状態が理想的なファミリー像といってよいでしょう。理想的なファミリー環境をつくることはスポーツ界全体においても重要な課題ですが、スポーツに携わる関係者一人ひとりが、まずもってスポーツの世界はファミリーなんだという自覚をもたなければならないでしょう。

一般論ですが、社会に明文化された規則が必要なのは、最低限の社会秩序が保たれ、安寧、安心して暮らすことができることをねらうからです。そして次に、更によい（豊かな、幸せな、健康な）社会を、つまり理想的な社会をつくるというねらいがあります。別の視点から言えば、規則は理念実現のために必要な重要な手段と考えられます。スポーツの世界に当てはめてみると、ルールはスポーツの理念実現のための手段となります。

スポーツにおいてルールの重要性や関心が高まるのは、試合の結果が重大な意味や価値をもつときです。例えば、誰もが子どものころに経験をしたことのある「ごっこ遊び」や、いわゆる草野球のように、その場を楽しむことだけを意図した遊びやゲームにおいては、厳しいルールを決めてそれを運用するような審判員を必要としません。そこではプレイヤー自らが審判員を兼務したかたち、つまり自己統治の遊びやゲームで十分楽しむことができます。

ところが、ゲームの結果が歴史に残るような重要な意味や価値をもったり、何か副賞や金品の獲得につながることになると話は別です。そうした場合には、ゲームを支配するルールがきわめて重要な意味をもつと同時に、審判員の存在価値やそこでの審判員の責任が問われることになります。

審判員がフェアな審判活動をするためには、邪念をすてて審判員の任務に徹しなければなりません。当然、審判員は、「自国の選手だろうが、ライバル選手であろうが関係なく、いつでも、どこでもルールに従って公正に判定を下さなければならない」のです。人間はそもそも過ちをおかす動物ですが、かといって故意に過ちを犯すことは許されません。意図的な過ちは、社会における人と人との信頼関係、絆を損ねることになります。

■ルールとフェアプレーの関係

ここまで述べてきたことで、フェアプレーとはどのような行為・行動をいうのかがおおよそ理解できたと思います。スポーツの世界では、「フェアプレーとはルールに違反なくプレイすることである」と、よく定義づけられます。この場合、ルールという概念の適用範囲を大きく捉えて理解するならこの定義は納得できますが、それぞれの競技の規則集に謳われている意味でのルールであれば納得できません。なぜなら、規則集に記述されているいろいろなルールは、当該スポーツの特徴を表したり、競技・競争のしかたや手段を表したり、けがの防止や全体の秩序を保つために最低限必要と思われる事柄をまとめたものに過ぎないからです。「ルールに違反なくプレイすること」は、ともすれば「規則集に違反しなければ、何をしてもよい」という安易な考え方を生み出すことにもなります。それはフェアプレーの意味をはき違えてしまうことになりますし、さらに拡大解釈していくと、「規則違反があっても、見つからなければよい」という間違った解釈につながっていく恐れがあります。

「他人が見ていなければ、何をしてもよい」という考えは、完全にフェアプレーに逆行するものです。例えば、ドーピングはルールで厳しく禁止されていますが、検査人員や経費の関係からすべての選手を対象に検査を行っているわけではありません。当然、検査を受けない選手もいます。結果的に、検査の対象にならない限りドーピングをしたかどうかは本人と共犯であればその関係者以外には分かりません。がしかし、仮に検査の対象にならずにドーピングをしていた選手がいるとすれば、とてもアンフェアですし、醜い行為と言えるでしょう。現実にはないかもしれませんが、自らの過ちを正々堂々と公表できるような選手であれば、フェアプレーに値するといってもよいでしょう。

最後に、美的価値を評価するような採点競技の審判について補足しておきましょう。

体操競技、フィギュアスケート、シンクロナイズド・スイミングのような採点競技における審判活動は大変です。美的価値というどちらかといえば主観的領域の判定であっても、採点される側から見れば、できるかぎり客観的な評価を要求しようとします。採点競技の芸術的美を評価する主体は人です。演技の姿勢のみだれや未熟な動きを技術的に評価する目は、審判員間にあまり相違はないにしても、高度に熟練された演技を評価する場合、審判員によって美観が異なることは間違いありません。美的価値を各審判員に統一するように強要することは、逆にそれら芸術的スポーツ種目の発展を損ねることにもなります。しかし、採点された選手から不正、偏りといった疑念をもたれないためには、審判員としてフェアプレーを一貫して保持し、選手やコーチらとの信頼関係を日常的に構築していくことが必要でしょう。

（滝沢康二）

【注・文献】

本項の執筆にあたっては、次の文献を参考にした。

- 近藤良享・友添秀則『スポーツ倫理を問う』大修館書店、二〇〇〇年
- 日本オリンピック・アカデミー編『オリンピック事典』プレスジムナスチカ、一九八一年
- 体育原理専門分科会編『スポーツの概念』不昧堂出版、一九八六年
- 体育原理専門分科会編『スポーツの倫理』不昧堂出版、一九九二年
- 滝沢康二「体操競技における審判員の主・客問題」『体育原理第二十一号』所収、一九九〇年、一八～二〇頁
- 滝沢康二「スポーツにおける審判員の倫理」『日本体育大学紀要二十巻二号』所収、一九九一年、八三～九〇頁
- 滝沢康二「スポーツの商業主義化現象について―哲学的考察―」『日本体育大学紀要二十一巻一号』所収、一九九一年、一～七頁

2・採点競技における判定とその限界

■採点競技の魅力と弱点

採点競技が他の競技と大きく違うのは、「勝敗決定方法がジャッジによる採点」であることです。つまり、人が人のパフォーマンスを評価し得点化します。機械では測れない能力を測るところに採点競技の意義、特質があって、私はこれが採点競技の最大の魅力だと思っています。

多くの人は「採点競技はスポーツとしてはたいへん面白く、見るのは大好き」と言いますが、その一方で、「評価基準がよくわからない」とか、「競技ではなくエキジビションの形で実施すべき」という声も聞かれます。特に、ここで論じるシンクロナイズドスイミング（以下、シンクロ）には、「予選と決勝の順位がほとんど変わらないので面白くない」、「演技する前から順位がだいたい決まっているようだ」、「技術的な失敗が採点にどのように影響しているのか非常にわかりづらい」などが問題点として指摘されています[1]。

まとめると、採点競技の魅力ともいえる「主観的評価」が、皮肉にも他方では弱点、問題点となっているようです。この原因を考えてみると、採点競技のルールや採点の仕組み、採点基準、などが人々に十分に知られていないことが背景にあることと、ときに起こるミスジャッジや不透明なジャッジが採点競技への不信につながっているのかもしれません。

■判定の難しさ――シドニーオリンピックでの疑問――

二〇〇〇年シドニーオリンピックでは、私は久々に現場に戻り、ジャッジとしてではなく、日本代表チームのチームリーダーとしてチーム総括の立場で参加しました。日本チームは、シドニーでは、過去最高の成績、銀メダル二個（デュエット、チーム）を獲得しました。これまでのオリンピック四大会（一九八四年ロサンゼルス、一九八八年ソウル、一九九二年バルセロナ、一九九六年アトランタ）において、シンクロはいずれも銅メダルに甘んじてきただけに、成績だけをみると快挙でしたが、私としては納得がいきませんでした。

デュエット・テクニカルルーティン競技当日、幸運なことにロシアと日本の出場順が前後に続いていました。ロシアが先で日本が後、という絶好の勝負局面でした。なぜなら、出番が続けば、どんなジャッジでも優劣をつけることができるからです。われわれはロシアを負かして金メダルを獲得する自信が十二分にありました。

私はプールサイドの選手席で両チームの演技を見ていましたが、「明らかに日本のテクニックの方が数段まさっている」と判断しました。高さ、デザイン、切れといった完遂度と、技や動きの難易度に関して確実に日本が上でした。演技の「ステージが違う」とさえ思いました。しかし、テクニカルメリットパネル（技術点）の採点は、何と『ロシアの勝ち』でした。もちろん、私の判定が絶対に正しいわけではないのですが、五人のテクニカルメリットジャッジのうち、二名がロシアより日本に高い点をつけていたのも事実です。

オリンピックから帰国した後、何人かの日本のトップレベルのジャッジらと意見交換しました。彼らは日本でテレビ放映を見ていたのですが、複数のジャッジから「ロシアの方がまさっていたと思う」という意見をもらいました。もちろん、これまでの経験から、テレビ画面で見るのと、その場で見るのとは大きく違うことは承知していますし、私自身が競技場で見た場所も、審判席ではなく選手席からでした。審判席で点数を入れることを前提に見ている場合と、脇で日本チームの一員として見ている場合とでは、明らかに違うことも知っています。自分が日本チームのスタッフだという点、プールサイドからの判定ということを差し引くとしても、私自身は、日本の実力が上だったと確信していました。

とは言っても、他方で、ロシアがうまいと思ったジャッジが何名かいたことも事実です。やはりシンクロにおいて、ほとんど互角の力量をもっている場合、順位づけは非常に困難です。この経験で、改めて主観的評価の限界を痛烈に感じました。いかに客観性を高められると豪語しても、コンマ一（〇・一）のレベルの違いを序列化することは非常に難しいのです。すべてのジャッジが、コンマ一の違いを同じに採点できるかといえば、ほとんど不可能です。おそらくこのあたりの不明瞭

世界水泳選手権（バルセロナ、2003）で演技を採点中の審判員
(写真下が競技エリアのプール)

さが皆さんの疑問となっているのでしょう。やはりスポーツはわかりやすいことが大切です。わかりにくいことが原因で様々な問題が起こります。

■シンクロで起こる審判問題の類型

シンクロでは、選手と血縁関係にあるジャッジを使わない、ジャッジと選手、コーチらとの接触を断つ、また、ジャッジセミナーなどを通して、ジャッジの質の向上、倫理観の徹底に力を注いでいるのですが、それでも審判問題は起こります。シンクロにおける審判問題を分類してみると、**表6**のようになります。

ミスジャッジというのは、ジャッジの能力不足で正当な評価を下せなかったも

表6　シンクロにおける審判問題の分類

		種類	原因	
ミスジャッジ	採点ミス	正しい評価ができなかったことによる採点ミス	審判の能力不足	
		選手の失敗等を見過ごしたための採点ミス	審判の資質の欠乏	
	うっかりミス	ジャッジペーパーへの得点の書き移しミス	うっかり、不注意、勘違いなどによる	
		フラッシュミス（数字の押し間違い、採点板のめくり違い）		
アンフェアジャッジ	バイアスジャッジ	ナショナルバイアス（自国およびライバル国に対するバイアス）	無意識／意図的に操作する。	審判と周囲の倫理観の欠如
			談合（取引）による。	
		一定のクラブや選手に対するバイアス	外的圧力による。	

のや、ジャッジの不注意や勘違いによって起こるものです。他方、アンフェアジャッジというのは、いわゆる不正なジャッジをすることです。意図的に自国や自分に関係のあるクラブや選手に過剰に高い得点をつけたり、ライバル国やライバルクラブに不当に低い点をつけたりすることです。それらは、個人の意思で行う場合もあれば、無形・有形に外的圧力をかけられて行う場合もあります。

■シンクロにおける審判問題事例

私が実際に遭遇した審判問題を二つ事例にあげて、その問題の所在と解決について考えてみます。

(1)ミスジャッジの扱われ方

じつは、シンクロには暗い過去があります。一九九二年バルセロナ・オリンピックのフィギュア競技において、あるジャッジが、自分が思った点数と異なる採点をしてしまうというミスジャッジを犯したのです。シンクロのルールでは、ジャッジが一度公表した点数は変更できないことになっているので、ミスジャッジは訂正されないで正式採点となりました。結果、本来優勝すべきカナダ選手が二位になってしまい、カナダは猛抗議しました。しかし当時のレフリーはカナダからのプロテストを受付けませんでした。しかしながら後日、ＩＯＣは「ジャッジの間違いは正されるべき」と判断して、カナダ選手にも金メダルを授与することを決めました。

この問題は、あるジャッジの完全なミスによって起こったものです。自分が頭の中で決めていた採点とは別の点数を出してしまいました。しかし、シンクロではそのようなミスジャッジや、能力不足で正しい評価を下せなかった場合のミスジャッジを想定し、ジャッジパネル（五名または七名で構成）の最高点と最低点を除いて平均点を算出するシステムになっています。すなわち、バルセロナで生じたこのミスジャッジは、この採点システムによって削除され、影響は最小限に抑えられたと判断できます。それゆえ、ルールに従って訂正しなかった当時のレフリーの判断は、私は正しかったと思っていますし、後で、ＩＯＣが競技結果を覆したことの方が個人的には異論があります。

⑵ナショナルバイアスジャッジ

二〇〇二年九月、釜山でアジア大会が開催されました。競技は、日本が一位となり、二位と三位を中国と韓国が争うという構図になりました。両国のレベルは僅差で、その日のパフォーマンスの出来次第で順位が入れ替わるほどの接戦でした。そのような状況の中、両国に関わる複数のジャッジが異常なナショナルバイアスを示したのです。ナショナルバイアスとは、自国に過剰に高い点数をつけ、ライバル国に不当に低い点数をつけることです。こうした事態を受け、私は、アジアシンクロ委員長として、競技終了直後にすべてのジャッジを集めて厳しく注意を与えました。しかし、二競技目は多少落ち着いた採点であったものの、三つ目の競技ではさらにバイアスがヒートアップしました。当然、本来なら当該ジャッジを担当からはずすべきなのですが、なにせジャッジの数が足りないため、代わりがいないのです。ジャッジとして、彼らを使わざるを得ないという最悪の状況になりました。すべての競技終了後、審判長の私は、倫理観を欠いた五名のジャッジに対して警告を与え、アジア水泳連盟ならびにFINAにこの問題を報告しました。その結果、五名のジャッジに対して昇級を停止するなどの制裁措置が認められました。しかし、こんな措置ごときでは、ナショナルバイアス問題は何も解決しません。というのも、彼らにとっては自国の競技団体や国内オリンピック委員会で信頼を得ることの方が、制裁よりも数倍も価値あることだからです。

このときは、奇しくも二〇〇八年の北京オリンピックにおける種目削除案がIOCプログラム委員会から出され、シンクロのチーム競技がその削除候補に上がっていた矢先でした。シンクロ競技開始前の代表者会議で、アジア諸国の署名とともにIOCへ削除案へ反対するレターを送りたいと語りかけたとき、すべての監督とジャッジが賛同してくれました。皆でシンクロをオリンピックスポーツに残そうと誓い合ったのです。でも、あの賛同は一体何だったのだろうか、ナショナルバイアスのひどい採点を見て誰が我々の競技を信用するだろうか、日々練習に励んでいる選手やコーチに対して何と言えるのか、あんなにやるせない気持ちになったのは久しぶりでした。

(3)ナショナルバイアスの原因

ナショナルバイアスジャッジというのは、不当な行為であり、決して許してはならない問題です。これは、ジャッジの倫理観の欠如が最も大きな原因です。しかし、それらのジャッジに圧力を加えた側の責任の大きさも忘れてはなりません。ジャッジの彼らには、有形無形を問わず、計り知れない自国のNOCやNFからのプレッシャーがかかっているのです。ソルトレークシティ・オリンピックでのフィギュアスケート・ペア競技の審判不正疑惑[2]においても根源は同様です。個々のジャッジの責任、それを制止できないIFの責任が問われるのは当然ですが、NOC、NF自身も襟を正すべきところがあると思います。

別の原因を探ると、先のアジア大会の競技中、バイアスジャッジを行ったジャッジを排除する権限が私にはありました。しかし、なぜその権限が使えなかったかというと、その背景にはアジアでのシンクロの普及の立ち後れがあります。

まず第一に、最低十名必要なジャッジが当初七名しか集まりませんでした。急遽、FINAジャッジ資格を持つアジア委員長、副委員長、開催国から一名が加わり、何とか競技開催にこぎつけることができた事情があります。こうしたことから、途中で当該ジャッジを排除したくとも排除できませんでした。

では、なぜ七名しかジャッジを集められなかったのでしょうか。それは、組織委員会が招聘する（財政負担をする）競技役員数に限りがあって、ジャッジのほとんどは参加国負担でした。そのため、財政事情が豊かでない国は、選手を送ってもジャッジを派遣しなかったり、選手団そのものの派遣を見送ることになりました。そのうえ、アジアでのジャッジ養成が立ち後れており、FINA公認のA級を持つ国は日本と韓国の二ヶ国、B級を持つのが中国、そのほかの国はB級のさらに下位のG級しか持っていないのが実情です。その結果、アジアで開催される競技会ではジャッジ数が不足し、集まったとしてもレベルの高いジャッジが少ない状態が続いています。

審判問題といってもそれはジャッジ個人の問題にとどまりません。それを取り巻く環境と管理しきれない体制などが複雑にからまり、解決することの難しさを痛感しています。

■魅力的な競技をめざして

いま、採点競技はどのような方向に向かおうとしているのでしょうか。確かに「競技」である以上、採点基準の明確化や採点解釈の統一化が求められます。さらに、ジャッジとしての資質には観察眼と洞察力に優れていることが必要です。ジャッジはほんのわずかな違いを正確に見分け、序列化するのですが、その根拠となる採点規則、採点基準の精度が高くなければなりません。採点競技は、どの競技であっても、採点規則の精度を高める努力をしてきました。その証として、ルールブックには技の解説や採点方法が詳しく記述され、非常に分厚いのが特徴となっています。

その反面、採点規則を細分化した結果、採点競技にはいくつかの弊害がもたらされました。一つは、競技方法が複雑になって、見る側の観客にとって理解しづらくなったこと、もう一つは、採点基準をできるだけ客観的に規格化した結果、演技内容が画一化され、美的要素の価値が薄まり、採点競技の持つ面白さが減少してしまったことです。これらの問題点を考えると、「わかりやすい競技」とはいったいどういうことなのか、「魅力的な競技」とはどういうものか、といった原理的な問いについて、関係者がもう一度考えなければならない課題があると思います。

（本間三和子）

【注・文献】

1)本間三和子「シンクロナイズドスイミングのジャッジングシステムの改善―フィギュアスケート、体操競技、新体操のジャッジングとの比較―」『第十六回日本スポーツ運動学会大会抄録集』所収、二〇〇三年、四五～四九頁

2)二〇〇二年ソルトレークシティ・オリンピック、フィギュアスケートにおいてペア・フリーでロシアペアがカナダペアを僅差で抑えて優勝したが、判定に疑問が沸き起こり、フランスの審判が不正な圧力を受けていたことを認めた。国際オリンピック委員会（ＩＯＣ）と国際スケート連合（ＩＳＵ）は、カナダペアにも金メダルを授与し、当該審判を資格停止処分にした。疑惑の背景として、他のスケート演技での得点の裏取引や、ＩＳＵの技術審査部門での選挙をめぐる思惑があったのではないかと指摘されているが、真相は究明されないまま現在に至っている。

【備考】

本稿は、本間三和子著「審判の科学　シンクロナイズドスイミングは競技スポーツとしてどうあるべきか」『バイオメカニクス研究　Vol. 6　No. 2』二〇〇二年、一五六～一六五頁、を一部加筆修正したものである。

3・篠原選手対ドイエ選手の判定問題から考える

二〇〇〇年のシドニーオリンピックにおける柔道男子百キロ超級で騒ぎとなった篠原選手対ドイエ選手の判定問題は、スポーツ倫理を語る上で、いろいろなことを考える材料を提供しています。ここでは、日本選手がオリンピックをはじめとする国際的な競技会に挑戦するときの心構え、日本の伝統（身体運動）文化を伝承することの意味、国際化の問題などを話題に取り上げてみましょう。

■篠原選手対ドイエ選手の決勝戦

まず、篠原選手対ドイエ選手の試合における判定問題とはどのようなものかを説明することから始めます。新聞報道1)によると、問題となった判定場面は次のようです。

「シドニー五輪第八日は二十二日、競技最終日を迎えた柔道で男子百キロ超級の世界王者・篠原信一（旭化成）が決勝でダビド・ドイエ（フランス）に判定で敗れ、銀メダルに終わった。これに対し、日本は判定に誤りがあるとして抗議したが、判定はくつがえらなかった」

と書き出し、次に試合の様子が描かれています。

篠原、悔しい銀

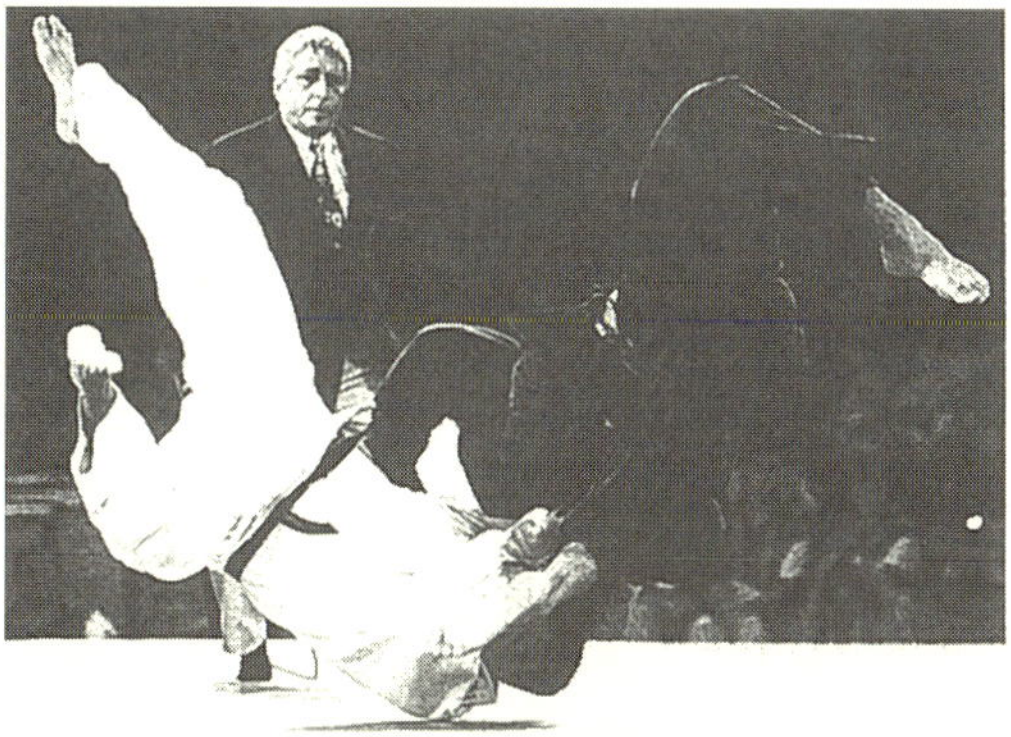

男子100㌔超級決勝で篠原（右）がドイエの内またをすかした瞬間／撮影・溝脇正＝22日、シドニー展示場ホールで

疑問の判定　日本抗議

篠原の内またすかし　決まったはずが…

高度な技を審判見逃す　山下監督

【シドニー22日＝竹園隆浩、西山良太郎】シドニー五輪第八日の二十二日、篠原信一とダビド・ドイエ（フランス）が対戦した柔道の男子100㌔超級決勝で、「誤審」とみられる微妙な判定があった。

開始1分30秒過ぎ、ドイエが内またをしかけた。篠原はその足をかわし、逆に上半身を使って相手を投げ落とした。ドイエは背中から落ちた。「内またすかし」という技だ。篠原も横向きに倒れた。

二人いる副審の一人は、篠原の一本を主張した。しかし、主審（ニュージーランド）はドイエの「有効」を宣言。残る副審が主審の判定を支持したため、ドイエに「有効」のポイントがつき、試合はそのまま進んだ。

中盤、篠原の「有効」ポイントになる「注意」の反則がドイエに与えられ、ポイントは並んだ。しかし、残り1分を切り、ドイエが再び「有効」を奪って試合終了。両者のポイントは「有効」のみで、ドイエの2－1。最終的に微妙な判定のポイントが勝敗を分け、ドイエの優勢勝ちとなった。

山下泰裕・日本男子監督は「ドイエは完ぺきに投げられた。一本で終わっているはずだった。あれは相手の技をすかして投げる技術的に高度な技だ」と言い、「それを見る目が審判になかった。副審の一人は篠原の一本と正確に判断してくれたんだが、ほかの二人はドイエの内またのポイントと見た。高度な技術を彼らが見逃した」と納得がいかない。

試合終了後、山下監督らが審判団に対して口頭で抗議した。しかし、国際柔道連盟（ＩＪＦ）試合審判規定では、主審が勝利者を告げ、選手と三人の審判が畳をおりた時点で勝敗は確定してしまう。抗議は受け入れられず、篠原の銀メダルが確定した。

全日本柔道連盟は、試合のビデオテープをつけてＩＪＦに説明を求める意向だ。

これに対し、ＩＪＦのジム・コジマ審判委員長（カナダ）は、ミスジャッジだったことを認めたうえで「（ルール上）審判が判断した通り受け入れるしかない」と話し、この試合の審判の判断が分かれたことについては「レベルアップを目指している段階だ」と語った。

■柔道男子100㌔超級決勝の試合経過

ドイエ		篠原
有効	1：39	
（指導）	1：55	効果
（注意）	2：40	有効
有効	4：14	

〔反則は、1回目が指導、2回目を受けると注意。相手側のポイントになる〕

弱いから負けた　不満ない

篠原信一選手の話　銀メダルに終わって、悔しい。感想も何もない。弱いから負けた。それだけです。ドイエはやっぱり強かった。誤審？　不満はありません。

Sydney 2000

第8日

山下　柔道女子78㌔超級　銅

競泳女子200背泳ぎ　中尾

【シドニー支局22日】第二十七回夏季オリンピック・シドニー大会第八日は二十二日、初日を迎えた陸上など21競技が行われ、競技最終日の柔道は、男子100㌔超級決勝で篠原《しのはら》信一（旭化成）が微妙な判定の結果、金メダルを逃した。女子は78㌔超級で山下まゆみ（大阪府警）が銅メダルを獲得。日本柔道陣のメダルは金4、銀2、銅2の計八個となった。

競泳は女子二百㍍背泳ぎで中尾美樹（近大）が2分11秒15で銅メダルに輝き、日本の競泳陣は一九七二年ミュンヘン大会以来の一大会3個のメダルを獲得した。女子五十㍍自由形は源純夏（中大）が日本初の決勝進出を果たした。男子は百㍍バタフライで山本貴司（近大）が52秒58の日本新で五位に入った。

陸上は男子百㍍で伊東浩司（富士通）が準決勝へ進んだ。ソフトボールは日本が延長戦の末、イタリアを下して6戦全勝。野球の日本は南アフリカに勝ち、4勝目をあげた。

シドニー五輪男子柔道、篠原対ドイエの判定問題を報じる新聞記事

(朝日新聞、2000年９月23日朝刊)

「開始一分三十秒過ぎ、ドイエが内またをしかけた。この技を篠原がタイミングよくすかし、ドイエは背中から落ちた。篠原に『一本』が宣告されてもおかしくないと思われた。二人いる副審の一人は、篠原の『内またすかし』に一本を主張した。しかし、主審は篠原が横向きに倒れたため、ドイエに『有効』を宣告。残る副審が主審の判定を支持したため、ドイエに『有効』のポイントがつき、試合はそのまま進んだ。

中盤、ドイエに相手の『有効』に値する『注意』が与えられ、ポイントは並んだ。しかし、残り一分を切り、ドイエが再び『有効』を奪って、そのまま試合終了。両者のポイントは『有効』のみで、ドイエの二―一。最終的に微妙な判定のポイントが勝敗を分け、ドイエの優勢勝ちとなった。」

試合後、日本男子の山下泰裕監督らが審判団に対して激しく抗議していましたが、受け入れられず、ドイエ選手の金メダル、篠原選手の銀メダルが確定しました。

国際柔道連盟の試合審判規定の第一九条によると、「一度、主審が試合者に試合の結果を指示したならば、主審と副審が試合場を離れた後には、主審はその判定を変えることができない。（中略）主審と副審とによる三者多数決によってなされたすべての動作や判定は、最終的なものであり、抗議は許されない」と決められていますので、篠原、ドイエの両選手および主審、副審が試合場を離れた時点で判定に対する抗議はもちろん認められませんし、最終的な判定を覆すことはできないことになります。

この篠原選手の判定問題は、日本のテレビ番組でも頻繁に取り上げられました。その中の「ここが変だよ日本人、ここがへんだよシドニー五輪」という番組を振り返ってみます2)。試合内容が映像で映され、問題の誤審と思われるシーンになると、実況中の日本人解説者が、「こういうことが起こるようでは柔道がだめになってしまいますね」と激怒します。その後、「内股すかし」のスローモーションがいろいろな方向から繰り返され、最後に篠原選手が「弱かっただけです」と述べたシーンで映像が終わります。スタジオに画面が切り替わって、そこにいる日本人や外国人が自分の意見を述べ合いました。それぞれの出演者が持論を展開しましたが、最後にこの番組の司会者である北野武さんが、ドイエ選手に対して「表彰式で篠原に金メダルをあげると日本の武道や文化を正しく伝承したことで歴史に残ってしまう。金を手放すことによって金以上の価値をもらったことになる」と提案し、この話題を閉めました。

この番組を見ていて、私は、倫理学者のヘアが「相手の立場に立つ」という、きわめて常識的ですが実践しにくい倫理原則のことを思い浮かべました。つまり、今回の判定とは逆に「相手との立場」を代えて、篠原選手が「内股すかし」をドイエ選手にかけられながらも判定は篠原選手の有効となり、結果的に金メダルを獲得した場合です。この場合、日本の人たちが「誤審だったのだから、ドイエ選手に表彰台で金メダルをかけ、歴史に残るべき」と結論づけるでしょうか。やはり、番組の中で、フランス人男性が「ラッキーだもの」と述べましたが、これが正直なところではないでしょうか。倫理原則は一貫性がなければなりません。篠原選手とドイエ選手の立場が逆転しても、同じように判断が下せることが必要となります。まあ、立場を代えて仮に誤審によって金メダルを受けた時に、日本のテレビ局がこの問題を番組として取り上げるかどうか疑問ですし、北野さんが言うように本当にドイエ選手が表彰式で篠原選手に金メダルをかけたら、おそらく判定システムを勝手に覆したという咎《とが》で懲罰の対象になってしまうでしょう。選手が表彰台の上で勝手に判定結果を変えることなどできません。

ところで、この問題はこれで終わりではありません。篠原選手の判定問題はもっと掘り下げて論じる方が、おもしろい中身がでてきます。それは、柔道とＪＵＤＯとの違いを切り口にして、この判定問題を考えていくのです。

■「柔道」を「JUDO」にしたことの意味

柔道は、一九六四年の東京オリンピックから正式種目となり、その後、ＪＵＤＯとして世界中に普及していきました。もともと柔道は、「柔よく剛を制す」の理念から、体重別はありませんし、「一本勝負」を常としていました。しかし、国際化によって柔道ではないＪＵＤＯは、平等性の確保のために体重制にしたり、誰の目でも勝敗がわかるようにポイント制を導入したり、さらには見る人のために柔道着や畳の色をカラフルにしました。国際化によって、柔道がＪＵＤＯと名称表記が変わっただけではなく、本質的な変更も少しずつ進み、現代では、日本の伝統的なマーシャルアーツは、完全に世界標準規格のスポーツに変容しているように思えます。

柔道とJUDOの違いについては、他にもいくつかあげられます。

まず、柔道とJUDOは目的が違います。わかりやすい例をあげると、「私は柔道をします」を英語で言うと、I practice JUDOですし、「私はサッカーをします」を同じく英語で言うと、I play soccerです。皆さんはもうお気づきだと思いますが、柔道で使う動詞は、practiceですが、サッカーはplayです。つまり、修行と遊びの違いがあります。柔道では修行(練習)によって「人格形成」を意図していますし、スポーツでは当該スポーツ「そのものを行うこと」(遊び)を目的としています。この点は決定的な相違を作り出します。もちろん、スポーツを手段として使うことはあります。例えば、学校におけるスポーツはすべて学校教育の目的を達成するための手段です。スポーツの価値が認められているからこそ、教材として学校教育の中で教えられています。しかし本来的には、スポーツは手段としてではなく、スポーツすることそのものを目的とすべきものですし、学校でのスポーツは教材化されたスポーツであることを覚えておく必要があります。

次に柔道とスポーツとの違いを、「最も技能にすぐれた人を決める」(チャンピオンシップ制)の視点から見てみましょう。

端的な違いは柔道の段位制度に表れています。関係者に聞きますと、最も技能レベルが高いのは二十歳代で、段位ならば五段、六段だといいます。柔道の段位には詳しくありませんが、段位の中で五段、六段はまだ最高段位ではありません。最高段位は、もっと年齢を重ね、修行を長年にわたって続け、人間をみがいた柔道家に与えられます。一方、スポーツの場合は、もちろん、人格に優れた人であることが望ましいとしても、年齢や段位に関係なく、最も技能にすぐれた人を選び、称賛します。つまりチャンピオンを決めるのが、「スポーツ」(チャンピオンシップ制)であり、そこが柔道とはまったく異なります。柔道はJUDOへと、完全にスポーツ規格に変わったと考えなければなりません。オリンピックや国際競技大会などで、柔道をJUDOとまったく同じと考えてしまうと、様々なトラブルの原因になります。私にも、講道館柔道とJUDOとをまったく同じものと考えたい気持ちはわかります。しかし、次に述べる技術と精神性の伝わり方が障害となって、柔道とJUDOの違いが決定的になっているのです。

柔道の技術と精神性について、伝播障害の観点から取り上げましょう。簡単にいえば、技術は実際の場面を自分の目で確かめたり、テレビ、ビデオといった機器をつかって観察すれば、形・型は何とか理解できます。つまり、有形のものは比較的伝わりやすいのです。見よう見まねで形・型は覚えていくことができます。しかし、なぜそうした形・型になっているかは、見たり観察しただけではわかりません。つまり、その競技の精神性や文化性といった特質は、形・型とは違ってなかなか伝わらないのです。特に、講道館柔道の場合は、「精力善用、自他共栄」といった理念を掲げ、勝敗(試合)を超えた別の目的のための手段として、柔道を利用しようとしています。そのために、先に述べたような体重制をとらない「無差別」、ポイント制ではない「一本勝負」、チャンピオンシップ制ではない「段位制」が採用されているのです。

ここで話題となっている判定の視点から、同じマーシャルアーツである「剣道」を取り上げて説明しましょう。

私も学生の頃、体育授業で剣道を学びましたが、相当に修行（練習）を積まないと「残心」の意味はわかりません。剣道の残心は、「撃突した後、敵の反撃に備える心の構えのこと」と言われています。残心の説明を「フェンシング」と比較して考えるとわかりやすくなると思います。フェンシングであれば、相手への打突が即、ポイントとなって、一定のポイント数になれば勝者になれます。しかし、剣道の授業で私自身も体験しましたが、いくら相手の面や小手を打っても、剣道の専門家から「一本」の判定はもらえませんでした。単に打つ、当てるだけではだめなのです。当たったか当たらなかったかは量的に判断できるのですが、打突の質ということになるとかなり高度な判定技術が必要です。スポーツが、できる限り明確に判定できるように客観性を確保しようとしていることに比べ、例えば「残心」が打突に反映されないと有効なポイント（一本）とはならないのです。機械的な判定とは違うわけです。

それは客観と主観との相違とも受け取れますが、専門家の間の判定では、間主観性ともいえる共通理解の空間があります。まったくの主観ではなく、一定の判定基準があります。それはやはり長年積み重ねた判定技術のたまものなのでしょう。剣道ができるだけでは判定はできないのです。それは、選手が自分でできても他人に教えることができないことと同じです。選手としての練習が必要なように、コーチとしての練習も審判としての練習も必要なのです。それぞれが別の専門性をもっていることを理解しなければなりません。日本のプロ野球で、引退選手が引退の翌日からコーチに就任する場合がありますが、それはコーチとしての専門性をまったく理解していない証です。「自分でできること」と「伝える」ことは別問題です。

以上のように、ある競技を世界中に広めていくには、精神性、文化性の伝播障害が原因となって、本来の姿が完全に変容させられる事態が生じる恐れがあります。独自の伝統を持つ身体文化を国際化しようとする場合には、技術と精神性、文化性の両面を正しく伝える方策をあらかじめ講じておかないと、多種多様な価値観をもつ諸外国の文化との摩擦が生じ、正統な身体文化（柔道）が変容・変質していくことになります。今のところ柔道はＪＵＤＯと音読は同じであっても、特質は完全に変容しているように思われます。

■マーシャルアーツの精神性、文化性を啓発する

篠原選手対ドイエ選手の判定をめぐる問題は、スポーツ倫理を考える上で貴重な題材を提供してくれました。テレビ番組では、日本人びいきの勝手な意見が展開されて、篠原選手とドイエ選手の立場を逆転させて考えれば不可能とも思える提案が出されていました。心情的にはわかっても現実には不可能な提案でした。

講道館柔道はＪＵＤＯとして世界に広まっていきましたが、形は伝わっても柔道の理念は置き去りにされているようです。精神性や文化性の伝播には本当に地道な普及活動を続ける以外に王道は

ありません。伝統文化のよさを少しでも世界に広めるために、競技スポーツとしてのＪＵＤＯと生涯に関わる柔道を何とか両立させていく努力が必要でしょう。

また審判の判定についても、人間が判定する以上必ず誤りがあります。しかし、不正な金品授受（八百長）といった意図的違反ではなく、不注意や未熟からの判定の誤りは、それを改善するシステムをつくれば減らすことができます。簡単に言えば、判定のための練習を行えばよいのです。具体的な対策としては、審判学校を設立することや、審判を専門職化、つまりプロ化する方向が提言できると思います。名声や金銭の別を問わず選手が命をかけて競技しているのであれば、審判も同じく命をかけて判定できる環境が整えられることが必要です。審判を養成・育成するシステムをなおざりにして、時として起こる大きな誤審だけを問題にすることは、審判に対してフェアとは思えません。判定トラブルを発生させないような環境をまず作り上げることが必要だと思います。

みなさんはどう思いますか。審判に命をかけるには、命をかけるだけの保障がいりますよね。

（近藤良享）

【注・文献】

1)朝日新聞、二〇〇〇年九月二十三日付

2)「ここが変だよ日本人、ここがへんだよシドニー五輪」は、二〇〇〇年十月十二日に放送された。

3)入江康平『武道文化の探求』不昧堂出版、二〇〇三年

4)佐々木・柏崎・藤堂・村田『現代柔道論』大修館書店、一九九三年

【備考】

審判問題については、『スポーツ倫理を問う』（友添秀則・近藤良享著、大修館書店、二〇〇〇年）の、第5章の3「ゲーム中の暴力は許されるか」、第6章の2「正直者は損をする」も併せて参照されたい。

藤原庸介（ふじわらようすけ）　　　　　第４章－１
北京オリンピック放送機構　放送情報部長

左近允輝一（さこんじゅうてるかず）　　　第４章－２
帝京大学経済学部助教授
元朝日新聞記者

舛本直文（ますもとなおふみ）　　　　　第４章－３、４、第５章－２
首都大学東京 基礎教育センター・人間健康科学研究科准教授
日本体育・スポーツ哲学会副会長
日本オリンピック・アカデミー理事（事業部長）

滝沢康二（たきざわこうじ）　　　　　　第５章－１、第６章－１
日本体育大学・日本体育大学女子短期大学部 副学長
日本体育大学大学院体育科学研究科科長（兼務）
㈶日本体操協会理事、国際体操連盟副会長
㈶日本アンチ・ドーピング機構評議員

河野清司（こうのきよし）　　　　　　　第５章－３
中京女子大学短期大学部講師

本間三和子（ほんまみわこ）　　　　　　第６章－２
筑波大学大学院人間総合科学研究科助教授
国際水泳連盟シンクロ技術委員・A級審判員
アジア水泳連盟シンクロ技術委員長

■執筆者紹介（執筆順）　（執筆項目）

■編集・執筆

近藤良享（こんどうよしたか）　序章、第１章－１、２、３、４、第２章－４、５、第５章－３、第６章－３

筑波大学人間総合科学研究科教授
元 WADA（世界アンチ・ドーピング機構）倫理・教育委員会委員
JADA（日本アンチ・ドーピング機構）教育・倫理委員会委員

■執筆

水野正人（みずのまさと）　第２章－１

ミズノ株式会社会長
国際オリンピック委員会（IOC）スポーツと環境委員会委員
㈶日本オリンピック委員会スポーツ環境委員会委員長

富樫　均（とがしひとし）　第２章－２、３

長野県環境保全研究所研究員
旧長野県自然保護研究所長野冬季オリンピック研究プロジェクトリーダー

井谷恵子（いたにけいこ）　第３章－１

京都教育大学教育学部教授
日本スポーツとジェンダー学会理事長

來田享子（らいたきょうこ）　第３章－２

中京大学体育学部・同大学院体育学研究科助教授
日本スポーツとジェンダー学会理事

山田ゆかり（やまだゆかり）　第３章－３

スポーツライター

田原淳子（たはらじゅんこ）　第３章－４

国士舘大学体育学部助教授
日本オリンピック・アカデミー理事

スポーツ倫理《りんり》の探求《たんきゅう》

NDC780 v,258p 20cm

初版第一刷発行——二〇〇四年六月一〇日
第三刷発行——二〇〇六年九月　一日

編著者——近藤良享《こんどうよしたか》

発行者——鈴木一行
発行所——株式会社 大修館書店
〒一〇一-八四六六 東京都千代田区神田錦町三-二四
電話 03-3295-6231（販売部） 03-3294-2358（編集部）
振替 00190-7-40504
［出版情報］ http://www.taishukan.co.jp
http://www.taishukan-sport.jp（体育・スポーツ）

装丁者——中村友和（ROVARIS）
印刷所——藤原印刷
製本所——関山製本社

カバー写真——フォートキシモト
ISBN4-469-26549-7　Printed in Japan